红尘禅影

我用《红楼梦》讲《坛经》 壹

王少农 ◎ 著

当代世界出版社

图书在版编目（CIP）数据

我用《红楼梦》讲《坛经》/ 王少农著 . -- 北京：
当代世界出版社，2013.2
（红尘禅影；1）
ISBN 978-7-5090-0887-4

Ⅰ . ①我… Ⅱ . ①王… Ⅲ . ①禅宗－佛经－中国－唐
代②《六祖坛经》－研究 Ⅳ . ① B946.5

中国版本图书馆 CIP 数据核字（2013）第 021468 号

责任编辑：纵华跃
封面设计：出书网·元宝
责任校对：梁玉刚
责任印制：高立艳

我用《红楼梦》讲《坛经》

作　　者：王少农　著
出版发行：当代世界出版社
地　　址：北京市复兴路 4 号（100860）
网　　址：http://www.worldpress.org.cn
编务电话：（010）83907332
发行电话：（010）83908409
　　　　　（010）83908455
　　　　　（010）83908377
　　　　　（010）83908423（邮购）
　　　　　（010）83908410（传真）
经　　销：全国新华书店
印　　刷：北京奥隆印刷厂
开　　本：700 毫米 ×960 毫米　1/16
印　　张：15.25
字　　数：200 千字
版　　次：2013 年 6 月第 1 版
印　　次：2013 年 6 月第 1 次
书　　号：ISBN 978-7-5090-0887-4
定　　价：32.00 元

前　言

　　全书用《红楼梦》中宝玉、黛玉、宝钗"三角关系"比照弘忍、神秀、惠能"三角关系",以红楼情事为例,试解禅门宝典。本书揭示:古来传法,皆是双传,法不单传,心传是心心相印,不是孤心;神秀与惠能皆是禅家六祖。本书做出的一大努力是:为神秀正名,指出神秀与惠能并无高下之分,也无争执之实,顿悟、渐悟都只是个说法,弘忍"设局",本意在破执。本书破译《坛经》信息:法必双传,道必孤修,可供行家参考。

目 录

坛经夜话

　　《坛经》，中国制造。诞生于大唐，是禅宗标志。《坛经》的诞生是一场奇遇，他是中国文化的奇葩，是中印文明交流的结晶，是汉代以来中国文明积极寻求精神伴侣在唐代的实现。下面先简单讲述《坛经》中的大唐文化，从文学、哲学、历史三个方面讲佛教归化中国，在唐代圆满融入中国文化。这段融入，使中国文化更具魅力。

　　文学方面："坛经偈"是唐诗，反映了唐代禅诗传统。昆仑一山两坡中印民族皆有诗歌传统。北坡寒，诗歌就是篝火，南坡炎，诗歌就是清凉散。敦煌古卷，季羡林译印度史诗，《大唐西域记》，"西域诗人"李白，等等，都暗线书写了中印诗歌交流历史。我们可以大胆的说，中印思想交流产生了佛教，而中印思想交流又只不过是中印诗歌交流的必然产物，因为诗歌思维是宗教产生的先决条件，其中关键是语言文字交流，这是任何一对邻居相处日久天长必然会发生的现象。季羡林先生以梵文为例，指出了汉以来中印语文交流对各自社会的推动作用；印度历史的建立与《大唐西域记》的记载有密切的关系等等。故云：唐代禅诗的出现是中印语文交流之必然，其传统久矣，可以在敦煌古卷中找到他的"前生"。"坛经偈"："菩提本无树，明镜亦非台。本来无一物，何处惹尘埃。"这是一首著名的禅诗，是唐诗中的奇葩。"坛经偈"的出现不是孤立、偶然，他是唐代禅诗盛行的一个反应。惠能——王维——贾岛——寒山，唐代禅诗是唐代中国人身处盛世依然能够保持内心宁静的证明，是"自性"之呈现。"坛经偈"的影响不仅在于诗歌，还影响到小说，这是一个"意外惊喜"。"坛经偈"支撑了《红楼梦》的结构，对《红楼梦》的诞生作出了贡献。

哲学方面：《坛经》"顿渐一悟"法门反映了汉唐以来中国人"人性的觉醒"，"悟"是自信的表示；《坛经》中融入了道家思维与儒家理念，三教第一次合一试验成功，证明了从信仰文化的入口可以有助于提高国人幸福感。"顿渐一悟"指顿悟渐悟都是悟，神秀的东西可以学，惠能的东西只能悟，但悟以后还得学。惠能的"顿悟说"与王国维的"境界说"都是"无我之境"，出自庄子，是吸收了外来思维方式形成的认知世界的方法论。他不是观点，而是形成观点的方法。个人层面看，庄子"坐忘论"对惠能"顿悟说"有决定性影响，禅玄思维对冲，形成"悟感"。"悟感"是人类幸福感的基本感觉，"触感"是人类幸福感的实现，"幻感"是人类幸福感的毁灭，这是所有哲学与宗教试图解决的问题，亦是道家与释家两家共同的情趣所在。玄是禅之体，禅是玄之用。国家层面看，一教双护法，一门二国师。佛法护国，国法护教，坛经六祖禅我谓是"忠孝禅"。《坛经》一书的结构是比照、参合了佛经与《论语》形成的，惠能首席弟子法海领众编纂《坛经》好比有子编《论语》，《坛经》有"杏坛经典"之意（"坛"、"杏坛"是孔子讲学处，常常是孔子标志，有时是特指），惠能我谓是"唐代禅门夫子"。当然以上都是比照。就禅宗说禅宗，就六祖说六祖，也不妨说明"惠能是'岭南佛'（《坛经》原话）"，"《坛经》是中国制造"，"禅宗完成了佛教归化中国的过程。"

历史方面：《坛经》记载了大唐帝国中兴历史。中宗李显复位，武则天退出，李唐中兴。《坛经》是中宗李显钦定佛经，尊六祖为"师"、"佛"。《坛经》从禅宗角度记载了大唐中兴这段历史，又从国家角度肯定了佛教对中国社会有一定的稳定作用。要说经书的出现，唐代中印交往推动了《坛经》的诞生。《金刚经》、《心经》、《坛经》"三佛经"互动，《坛经》对诸佛群经进行归纳整理，作了提纯消化的工作。经济上看，《坛经》从禅宗发展的独特视角记载了唐代广东开发以及汉以来"海上丝绸之路"之勃兴。禅宗南宗寺院经济对南方经济作出了贡献。农禅成为禅门常态与"主流"，六祖是农僧。在唐代，佛教生存方式已经转变：从乞食到自立、到为国家做贡献，这是佛教归化中国、在中国生存的必然先决条件。

小结论：《坛经》是大唐圣典，中国文化之荣光。

　　《坛经》、《心经》、《金刚经》是佛经中的三部经典，流传很广，影响深远。这三部经典都产生在唐朝，可称"唐经"。与之相对应的是"晋经"、"汉经"。但因为"汉经"特指汉朝传下来的儒家五经，一般我们不把汉朝所译佛经称"汉经"。汉以后无儒经，唐以后无佛经。我这话是说当时都整理完了，该新创的也都产生了。后人别再指望在儒与释这两家门里另立门派，道家与易学嘛倒是可以出新东西，再反观儒释，其道成矣。汉以下，晋、唐佛经可以称"晋经"、"唐经"。中国书法有"晋唐心印"的说法，我们比照这个说法，也可以把晋唐佛经称为"晋唐心印"，是晋唐人心心相通、心心相印的传承，是大汉流风，是魏晋风流的另一面。何谓魏晋风流？诗、酒、儒、释、道。儒释道都需要诗与酒的浇灌，在诗与酒里面儒释道达成了精神上的一致。"诗酒儒释道，花月汉晋唐。"我随手撰的这副对联虽不工，其意不差。

　　汉晋唐三代是中国引进佛教文化的三个高峰期，中华帝国如饥似渴地吸收新鲜血液，不分中外、不分彼此，其包容能力与消化能力是很强的。中华帝国因包容而强大。中国包容佛教。引进之，必包容之；包容之，必供养之，谁招来的谁养，这是天经地义，因此我们又可以说，中国供养了佛教。

　　汉晋唐三代翻译佛经最盛、最好、最经典。说他"盛"，指量大，反映了中华帝国胃口大,文化必须昌盛,帝国必须繁荣,这是帝国意志。说他"好",指质优,句句是佛,原生态引进来不变味;同时句句是中国文化,一切为我所用。汉字佛经与梵文佛经都是佛经,中国与印度都是佛国,水乳交融,包容而纯粹;说他"经典",指汉晋唐佛经是时代的特殊产物,绝对不是想要有就有的,世上哪有那么容易的事?学佛不是占便宜,"沾光"都是要交学费的。汉晋唐开发西域,中国对中亚、西亚、南亚的开发是有贡献的,输出很多,引进很多,交了很多学费,最终和谐了。和谐是东方文明的特征,也是人类文明的特征。和谐怎么来的?和谐是打出来的。汉与罗马帝国交战,晋朝吕光开发西域,唐朝取经僧到"西天"取经,这都是肉搏上阵啊。正所谓"不入虎穴,焉得虎子;不到西天,焉得佛经"。几十代人累积下来,中国引进佛教的工作完成了。唐以后无佛经。佛经都是唐与唐以前译写的。我们今天常看的佛经,都是在唐代最终完成,都是唐经。因此我们可以这么说:与其说我们读的是佛经,不如说我们读的是唐代文化。

三部经典中,《坛经》很重要。玄奘法师从印度取经回来,在唐太宗李世民的直接帮助下,大规模译经,《心经》就是唐僧所译佛经。汉晋唐三代的佛经,除了《坛经》,在我看通通都是二手货。我没说它不好,但客观讲就是一朵折下的花。你们知不知道现在有个乐队叫"二手玫瑰",我没听过他们的歌,这个名字倒不错。我们把那些翻译过来的佛经也可以叫做"二手玫瑰"。香,但是已经不扎手了。《坛经忏悔品》里就讲到了"自性五分法身香",一会儿我会讲到。什么叫自性?非外传,乃自得。那些翻译过来的佛经既然是二手货,显然不是我们真正要的东西。客观上讲,他是"汉译佛经",

不是"佛经"本身；与其说他是"佛经"，不如说他是"佛经文学"；与其说他是"佛经文学"，不如说他是汉代文学、晋代文学、唐代文学的一部分，是中国文学繁荣的一个重要方面，是中国语言文学因为大规模传承、整合、翻译、传播、交流带来的一次又一次大发展、一次又一次大繁荣。语言的发展必是思维的发展，玄奘所译佛经以及他与弟子所撰《大唐西域记》一书丰富了唐朝中国人的世界观，在此同时，更加坚定了中国人固有的价值观。

玄奘过后五十年，禅宗六祖惠能大师横空出世。惠能所讲，被弟子辑为《坛经》。惠能亲自把《坛经》命名为"法宝坛坛"（见《坛经付嘱品》），并且强调说："但依此说，是名正法。"《坛经》是惠能大师开示的人生真谛，内修外化，道贯中西。

佛教三部经典之间的联系，我用四个字说明："二经归一。"就是说《金刚经》与《心经》的精华都归在了《坛经》里。再说透点，《坛经》压根就是一部讲《金刚经》与《心经》的经中之经、典上之典。关于这一点，惠能在《坛经》里交代得很清楚，并不忌讳自己的传承。《坛经》里惠能一明一暗讲了两个传承：一个传承大家都知道，就是五祖传六祖，禅灯不灭；另一个传承是《坛经》传承了《金刚经》、《心经》，经文重光。明传法脉，暗传道统。"衣钵"是抽象的衣钵，惠能在经中已经明确开示并无衣钵，这是我们在读《坛经》时需要注意的。这是大师的障眼法。惠能在《坛经》中交代：他的缘起是《金刚经》，所讲的是《心经》。这三部经是一个整体，应该捆绑起来学习，不能拆散了。经引用经，经证明经，可谓"经经相引、经经相证"，把我们带到了一个庞大的智慧空间里。这个智慧空间，网络纤绵，

但有一条线很清楚,这条线,我们可以用张韶涵一首歌的歌词来说明:
"爱是一道光,如此美妙。"(向提问者说)善哉此问,天人感应,
满天佛菩萨都欢喜。他为什么欢喜?因为他看到了有人在觉悟,回
到了自己的心。惠能一觉悟,《金刚经》、《心经》就变成了《坛经》;
惠能一觉悟,衣钵就归他。惠能一觉悟,就成了佛门孔子,徒子徒孙,
香火不绝。

大家来看《坛经》的三大意义。

《坛经》的首要意义是什么呢？是原创，是"元配"，是"原装"。《坛经》记录了惠能的原话，经书是惠能的弟子写的，其名曰：法海、神会、方辩等（见《坛经》付嘱品），有案可稽。《坛经》是中国本土得道高僧的原创，不是翻译，不是二手货。

惠能成佛事件伴生《坛经》诞生事件，一举颠覆了以往世人的三大偏见。

第一个偏见，世人认为中国人不能成佛，成佛是外国人的专利，尤其是印度人的专利，中国人只有老老实实做佛弟子的资格，只有恭恭敬敬供养上师的资格，千万不能痴心妄想做佛菩萨。显然以上看法本身就违反了佛教教义，众生成佛，才是真佛。中国人老老实实、恭恭敬敬没有问题，但这不等于说中国人已经被踏上一只脚、永世不得翻身。中国人之所以引进佛教，是想过一把成佛的瘾，绝对没有要永远当弟子或信徒这一说。惠能成佛了，中国人成佛了，这才是真佛教，这才是真佛。所以我说"佛在中国"，就是这个意思。

世人的第二个偏见是，认为只有印度或作为印度中转站的西域才能产生佛经，《坛经》的诞生说明并且证明了中国本土就可以产生佛经。佛经不是谁的专利，他本是普利众生，故可从众生中产生。真理流行全地，流水不择高低。

　　"西域"的概念比较复杂，一般指中东以东、高加索以南、印度以北、中原以西的大三角地带，汉朝将西域纳入版图后，西域成为中国的一部分，全称是中国西域。唐朝拓展了汉朝的事业，《大唐西域记》一书书名与内容表示：西域是大唐的，所以叫"大唐西域"。因此我们要知道，唐太宗李世民派遣玄奘法师去印度"取经"的内涵是丰富的，佛教、大乘佛学的引进是主要目的，因此派玄奘法师到印度取经的同时作了有关印度信仰、历史、政治、经济、文化、风俗、地理、矿产资源等方面的综合考察，《大唐西域记》是作为大唐特使的玄奘大师奉献给皇帝的"西域及印度国情综合报告书"。《大唐西域记》的调查与考察是如此的广博、专精与具有目的性，客观上又是为西域诸国及印度撰写了一份珍贵的历史记录。季羡林指出：印度人不注重史书的书写与记录，古史阙如，以至离开了中国的《大唐西域记》就无法撰写古印度的历史。季羡林又指出：《大唐西域记》中关于阿育王的记载，是古代印度建国历史的重要凭证。如今中国南北各地还保留了大量的"阿育王遗迹"与"阿育王寺"，这个独特现象应该引起足够重视，学界应该继续深入研究。阿育王在中国有如此多的蛛丝马迹，说明了阿育王当初到过中国也并非不可能。总之，喜马拉雅山两侧的印度与中国，其交流的亲密程度超出我们想象，历史上有很多条天然形成或后天形成的"喜马拉雅通道"，中印两国人民历来畅通无阻。喜马拉雅不是阻隔中国与印度的障碍，而是联络中国与印度这一对人类伟大文明的孪生姊妹的纽带。一方有事，另一方必有感应。伟大的喜马拉雅山，人类之母，《山海经》称之曰昆仑。巍巍昆仑，莽莽神州。在灵性里面，中国与印度同属昆仑，是同一个神的国度。而佛学，就是这一信仰的一个表述。我强烈建议大家一定要读《山海经》与《大唐西域记》，只有在这个昆仑信仰与人文地理背景里面，才能得到有关佛教的启示，才能开解佛经三大经典中的奥秘。这么说吧，不读《山海经》就读不懂所有佛经，因为如果没有昆仑信仰作支撑，你就无法从佛教产生的源头上去把握佛教的精髓。不读《大唐西域记》就读不懂《心经》，因为你不知道《心经》是怎么来的，包括《心经》在内的大乘佛典对大唐统治与开发西域、南西域的意义。不读《旧唐书》、《新唐书》，就读不懂《坛经》，因为你不知道《坛经》的产生是武则天王朝结束的一个历史性事件。关于这一点，一会儿我还要说。大家看，经典真不是那么好讲的，经典就是经典，他的产生必然有大因缘。我讲"西域"二字就讲了这么多，是害怕大家把佛经看得容易了，忘了他是怎么来的。

《坛经》纠正世人的第三个偏见是：以往人们认为成佛的人必须是身份高贵的，并且人生轨迹神神秘秘，云山雾罩，比如佛陀，又是太子，又是隐居，一生难考，好比神龙；惠能打破了"贵人才能成佛"这个所谓定律。惠能不是太子，是普通百姓，是个打柴的樵夫。一生记录清清楚楚，没什么好神秘的。这叫明明白白做人，清清楚楚成佛。樵夫也能成佛，这才是真佛教。佛教不是富贵人的甜点，而是所有人的粮食，这才是真佛教。佛教不是锦上添花，而是雪中送炭，这才是真佛教，这才是真信仰。

惠能与《坛经》一举打破世人的三大偏见，功德亦无量，佛法亦无边，果然是尊佛啊。

下面我试着回答一个有关惠能与《坛经》的问题，这个问题都是大家熟悉的与关心的。很抓人，也很迷惑人，今天我来破一破。我说的不一定对，不一定不对，无论对与不对都是我的说法，依各人思考为准。

有朋友问：惠能究竟是不是文盲？

我的回答是：惠能不是文盲。之所以以前有"惠能是文盲"的说法，是有人故作神秘，玩玄学，夸神通。当他说"惠能是文盲"时，等于说"文盲也能懂佛经"；当他说"文盲也能懂佛经"时，看似在说"人人能成佛"，其实把成佛看得太容易了。我本来是个农民，对惠能这个打柴郎有天生的认同感、亲近感，对所谓"文盲"这个有歧视性、分别心的词没法承认。劳动人民就算不认识字，也不等于说是"文盲"。何况很多劳动人民（包括惠能）并非不识字，因为文字本来就是劳动人民创造的。我在这里要说的是，惠能虽然是劳动人民，但他不是文盲。有证明吗？有人说老是喜欢推翻前人观点，人人都说着《坛经》的惠能是文盲，只有王老师一个人说不是。其实我也不是喜欢推翻前人观点啦，是就是，不是就是不是。孔子说："知之为知之，不知为不知，是知也。"我们做学问与修行都要实打实，不能虚了。虚了假了，就会狂了妄了，佛教把这称作妄见，是一大魔。我凭什么说惠能不是文盲？《坛经》本身有说明，我随手列举一二三，大家就知道了。

第一点，在《坛经》开头的《行由品》中，惠能自报家门，说："惠能严父本贯范阳，左降流于岭南，作新州百姓。"这一点就说明了惠能不是文盲。惠能说他家本来的籍贯在北京。范阳者，唐朝之北京也，在今天的北京良乡、宛平、大兴一带。惠能说他是北京人，他父亲在北京做官，后来被流放到广东新会，做了广东百姓。左降者，贬官也；流者，流放也。我把这些专门的术语一讲，大家就知道惠能出生于官宦人家，父亲是做官的，儿子会是文盲吗？这从常识上是万万说不通的。即使他父亲被贬了官，家风、家学必然还在；即使他父亲死得早，惠能是母亲带大的，也必然从小读书识字，完全不可能一字不识，一下子就失了家传。唐朝官宦人家的迁徙是常事，那些官宦子弟伴随着父亲的升与降满世界飞，飞得最远的当属与惠能同时代的大诗人李白。李白生在西域，长在四川，娶于河南，发迹在长安，游学于齐鲁，安史之乱奔突江湖，最后葬在安徽当涂。唐朝最看重文化，官宦家庭即使家道中落，依然注重文化培养。像李白与惠能这种由贵族或官吏家庭降而为商人家庭或平民家庭，是当时社会常态，但这种家庭身份的降落不等于说会一下子变成文盲家庭，刚好相反，会更注重文化培养，以图东山再起。李白之父李客是商人，从小培养李白饱读诗书；惠能之父早亡，其母育之，也必是有传承才不辜负先人。惠能饱含深情地称其父为"严父"，这是一个典型的、读书人的、专门用来称已故父亲的雅词，这一个词就暴露了惠能是个知识分子。当然，他是个平民化的知识分子，混迹于市井的大文人。他说他不识字，并非不识字，是一种清高，一种孤傲，是一种禅。他不攀，不比，不争，不辩，是个独立特行的人。我们这下可明白了，李白是什么人，惠能就是什么人。李白会是文盲吗？那岂不是说太阳比足球小？惠能会是文盲吗？那岂不是指着滔滔长江水说"这里面没有一滴水"？

我说惠能不是文盲的第二个证据是，根据《坛经》记载，惠能会仿作并翻新神秀的诗偈，这说明他有很高的文学水平，一个有很高文学水平的人会是文盲吗？也许你要说那只是短短的四句话，是口头仿作再请人记，谈不上文学水平，那我请你再看《坛经》最后的《付嘱品》，里面记载了两篇惠能作的很长的诗偈，前一篇是《真假动静偈》，诗五言，共三十二句；后一篇是《自性真佛偈》，诗七言，共三十二句。从这两篇都是三十二句看，惠能很擅长作这种篇幅的诗偈，肯定是长期修炼、长期练笔、长期推敲形成的绝活。也许你要说可能是弟子代笔，好嘛，"代笔门"都出来了，那我告诉你，代笔是可能的，代说是不可能的。从《坛经》看，惠能讲经说法，引用最多的是《金刚经》与《心经》，其次是《净名经》、《涅槃经》、《般若经》，对《法华经》、《楞严经》、《维摩诘经》诸经典都很熟，文言佛经一段一段引，一段一段讲，分明是个佛学老夫子。这样一个人，又是学者，又是诗人，你敢说他是文盲？不识字、不会写、不会读？

第三点，惠能会数学。《行由品》记载他卖柴收钱，这说明他会计算。又记载他接受一位客人赠送的十两银子，这说明他会数较大笔钱。惠能在五祖门下干了八个月的粗活，他知道日子过去了"八月余"，这说明他会记时。《顿渐品》记载行昌行刺惠能，被惠能给了十两金子摆平了。当时惠能已是曹溪宝林寺当家人，这十两金子应该是寺庙的钱。从惠能可以自由调度较大笔公款来看，一方面说明了他的领袖地位，一方面也说明了他有较高、较好管理大寺庙的能力，包括经济能力与会计能力。

再说一点，惠能熟读史书。《疑问品》记载惠能回答韦刺史关于"达摩大师宗旨"的问题时，引用了史书中梁武帝与达摩的对话这一著名公案作答。

以上几点，我分别从惠能的家庭情况、本身的文学修养、长期维持生计及管理寺庙形成的数学及会计能力、讲学中透露的佛经及历史知识综合来看，证明惠能不是文盲。

有趣的是，惠能在《坛经》中自称"不识字"，在《机缘品》中惠能对一位叫无尽藏的比丘尼说："字即不识，义即请问。"他是说他不识字，请对方直接问他佛经中的意思。比丘尼迷惑，不由就问："字不识，焉能会义？"于是引出了惠能的经典名言："诸佛妙理，非关文字。"这才是惠能真正想说的话，他之所以宣称自己不识字，最喜欢别人以文盲来对待他，是想告诉大家不要被文字遮住了佛理。此谓文盲禅，是文字禅的高级版。他告诉我们勿执于相，一切有为法，应作如是观。

我们回头来接着讲《坛经》的三大意义。第一条意义先前讲了个开头，是说《坛经》是中国人自己作的佛经，虽有引用，但已经不是翻译过来的，是创作；虽重传承，但别开生面，气象一新，说是另起炉灶也可以。这就是《大学》中说的"苟日新，日日新"。《坛经》的出现是佛教的一个大转折，是中国文化的一场消化良好的盛宴，也是中国的一个新起点，因为他表明了"佛教归化中国"这个程序已经完成。以往学者爱用"佛教中国化"或"佛教汉化"这些说法，这些说法的背后是"佛教传入中国"这个观点在作支撑。这个观点是通用观点、流行观点、"主流观点"，很多观点都是建立在这个观点的基础上。照我看来，"佛教传入中国"这个观点、这个说法是错误的，佛教并没有主动传入中国，而是中国主动派人去取经，"请进来"的。一请在汉，汉明帝梦佛而迎之；二请在晋，法显取经；三请在唐，玄奘取经。这些史实表明：是中国把佛教请进来的，不是佛教传到了中国，中国不去请，他到不了中国。一个"传"字是杀人放火的文雅说法，传教即战争。比如佛教从北天竺"传"到南天竺，又"传"到全印度，一度取代了印度教的地位，但最终又被印度教夺回统治印度的宝座，佛教教主释迦牟尼沦落为印度教众神之一，这些事说明了"传"是"打"的代名词，但这一套用在中国头上不灵光，印度教也好，佛教也好，要想"传"到中国，那是不可能的，中国人有很强的国家观念，汉唐自不必说，就连小朝代与分裂时期的中国都不曾丢掉自己的魂：信仰与文化，以及由此确立的神圣国土。"传"就不必了，但作为一个懂得交换与和谐共处的民族，中国善于学习，常常主动把一些先进思想、先进科技或者自己没有的、可能有益的东西"请进来"，这说明了中国人心态好，且有积极的行动，愿与世人分享文明、共创文明。中国既然是此间贤主人，如此好客，那些被礼请进来的尊贵客人就应该明白自己是客人的身份地位，礼尚往来，尊重主人家，这才是起码的做人的样子。如果有人因为主人的邀请，一时飘飘然，反而认为自己成了新主人，把真正的主人抛一边去，那肯定是搞反了。佛教与中国的关系就是这样，中国把佛教请进来，是想他有益于中国与世界，成为人类大家庭中的一员，我想来想去，发明了一个新的说法："佛教归化中国。"这样更确切些。只有在"佛教归化中国"的话语里，我们才能说"佛教中国化"或"佛教汉化"，否则一说就错。中国为主，佛教为客，中国请客，主客大欢。融为一体后，首尾依然不能颠倒。我们一定要突出中国的主体地位，强调中国人的主人翁地位，并且强调中国文化的好学、好礼、好客，善于学习、交流、包容，这样才能读懂以唐朝佛教为标志的中国佛教史。中国佛教是包容的佛教、圆满的佛教、和谐的佛教。我们要这样说：佛教酝酿于印度，诞育于尼泊尔，真正产生与发扬光大在中国。因此我们不能人为贴上印度佛教、尼泊尔佛教或中国佛教的标签，那样容易顾此失彼，抬举一方必然会同时得罪另外两方，要这样说：佛教是喜马拉雅山的产物，中、印、尼三国人民都是喜马拉雅山的孩子、山民，同享神山圣峰，同在昆仑文化里，共同光大了佛教。佛教是珠峰雪莲，佛教可称昆仑之花。佛教是印度、尼泊尔、中国这雪山三国共同诞生的人类精神的花朵，佛教是中国的，也是印度与尼泊尔的，也是全世界的。中国是佛教的光大之地。一开始，雪山三国共同孕育了佛教。再后，中国三请佛教来华，最终把佛教发扬光大。佛教之所以能被称作佛教，中国是关键因素。没有中国的包容，就没有佛教的延续。自从有了《坛经》，自从有了惠能，中国人有了自己的佛教，有了自己的佛学，有了自己的佛法，有了自己的佛经，有了自己的佛。惠能告诉大家：你们喜欢佛教，好，我就给你佛教；你们需要佛经，好，我就造一部佛经；你们喜欢这样祖那样宗，好，我就亲自现身一回，做你们的禅宗六祖。《坛经付嘱品》记载，惠能在向弟子讲遗嘱时，自封为佛教三十三祖。在整个佛教系统（不分中印）里，惠能是三十三祖；在教外别传的禅宗里，惠能是六祖。总之他都是"祖"。这是他老人家自封的，过了一把当祖宗的瘾。《坛经付嘱品》中惠能讲他是佛教三十三祖，原话如下：

"古佛应世，已无数量，不可计也。今以七佛为始。过去庄严劫，毗婆尸佛、尸弃佛、毗舍浮佛；今贤劫，拘留孙佛、拘那含牟尼佛、迦叶佛、释迦文佛，是为七佛。已上七佛，今以释迦文佛首传。第一摩诃迦叶尊者，第二阿难尊者，第三商那和修尊者，第四优波毱多尊者，第五提多迦尊者，第六弥遮迦尊者，第七婆须蜜多尊者，第八佛驮难提尊者，第九佛驮蜜多尊者，第十胁尊者，十一富那夜奢尊者，十二马鸣大士，十三迦毗摩罗尊者，十四龙树大士，十五迦那提婆尊者，十六罗睺罗多尊者，十七僧迦难提尊者，十八迦耶舍多尊者，十九鸠摩罗多尊者，二十阇耶多尊者，二十一婆修盘头尊者，二十二摩拏罗尊者，二十三鹤勒那尊者，二十四师子尊者，二十五婆舍斯多尊者，二十六不如蜜多尊者，二十七般若多罗尊者，二十八菩提达摩尊者，二十九慧可大师，三十僧璨大师，三十一道信大师，三十二弘忍大师，惠能是为三十三祖。"

这是个佛教传人、或云历代掌门人、"教主"的家谱。这个名单让我想起了《圣经》福音书中的"耶稣的家谱"，从亚当到大卫，从大卫到耶稣。这些个看似确凿的"家谱"都是在往自己脸上贴金，意在说明自己"有来头"，而且"来头很大"，这是人之常情，可以理解，不可以轻信。就惠能所说的这段遗嘱来看，疑点很多，这个所谓的佛教谱系里有大量生造的名单，并不存在的"人"混迹家谱中，这是个虚拟的世界，虚构的家谱，为的是凸显自己的存在感，害怕失去存在的理由。这个谱系有些特点很明显，比如：佛教的轨迹是从印度到西域，再从西域到中原；又比如：这些大大小小的佛，前面都称佛，再后称尊者、大士，到了中原称大师，显然是一路被"贬官"了。何以同是佛，到了中原官就小了？这是个有趣的现象。大家知道，官位越高就越虚，名头越大越没实权，惠能把外人抬举得很高，他大我小，很明显有"架空诸佛"的意思，这是典型的中国式做法。不管如何，尽管惠能开的这个单子不能证明什么，也不能说明什么，但他此举的良苦用心为众人所深深领悟，其非凡的智慧与勇敢的担当精神一直到今天依然为我们所深深敬佩。惠能的嫁接工作是成功的，他告诉我们佛在中国。佛不是在遥远的西天，佛就在眼前。谁是佛？佛就是我们每个人自己。惠能一出现，取经僧就没了。佛在中国，从那以后连印度都要来中国取经。

《坛经》是唐经，佛教是唐教。

《坛经》的第二个意义是记载了大唐帝国的复兴。梁羽生写的《女帝奇英传》，连环画版本叫《唐宫恩怨》，中国书店应该可以找到，以前我很喜欢看。读者可以把《坛经》读作佛经版《女帝奇英传》，里面依然是刀光剑影，高手如云，而真正的高手不出面。《坛经》把高手过招的场景从宫廷切换到了佛门，斗争的实质没变。从武则天的武周到中宗李显的复位兴唐，里面故事多，杀来杀去，都是一门子的家务事，有点像《红楼梦》。我从王熙凤的身上看到了武则天的影子，看到她把尤二姐骗进园子逼死这一段，不免心惊肉跳，跳过去不忍细看。然而我们看小说可以跳过去，喜欢的就看，不喜欢的就不看，看经书、史书可没法跳过去，不能只挑自己喜欢的看。所谓历史，就是要从大家都不想看、都不喜欢看的地方发现隐秘，揭秘真相。我们联系《新唐书》、《旧唐书》读《坛经》，就会明白：在"唐——周——唐"或"李——武——李"的二姓游戏中，佛教扮演了重要角色，僧兵与佛教宗派势力穿插在所有宫廷斗争与帝国战争中。武则天是佛教信徒，曾为比丘尼，窃取大位后，供养神秀为国师。中宗李显必须要扔掉神秀这个包袱，才能扔掉武则天这个包袱，于是他的办法就是抑北禅而重南禅，借远处的力量打击近处的力量。《坛经宣诏品》记录了这段宫廷斗争，《坛经》全书记录了皇家佛教宗派斗争。《宣诏品》

中称李显为"中宗"，称武则天直呼其名为"则天"，可见其立场态度。在宫廷斗争中，最后武则天被逼无奈，因为她所信仰的国师神秀已经被她的儿子证明不值一提，她的儿子所信仰的国师惠能是真正的禅宗大师，是真佛。当中宗李显的国师打败了武则天的国师，同时也就宣布了中宗李显打败了武则天。惠能的横空出世给了武则天重重的一击，作为佛教徒的武则天看到她的佛站在自己的对手一边，这对她的摧毁是致命的。若要摧毁一个人，最有效的办法就是摧毁他的信仰。武则天的信仰被抽空了，只能"禅位"于李显。这是大唐的胜利，李家的胜利；也可以说是儿子的胜利，或说男人的胜利；其中包括了当时佛教宗派斗争中南禅对北禅的胜利。南北禅宗据我看是完全不一样的东西，《坛经》中惠能自称"顿教"，意思是自身顿悟的宗教；称神秀所信的为"佛教"，意思是供佛的宗教。称谓有别，其自强自立的良苦用心不难知晓。直到今天，中国依然存在两个佛教。凡是依赖他人的，我们把他称作"佛教"；自强自立的，我们把他称作"禅宗"。禅宗是觉悟的宗教，禅宗是真正的佛教。虽是教外别传，却是佛教正宗。禅宗是中国成功收服佛教、为我所用的成功案例，是中国文化活力的证明，是中国人本身的智慧在发光。我们一说佛教，就是在说禅宗。这不叫唯禅宗论，而是心佛如一。名字叫禅宗，其实可以包括所有宗派，但作为中国佛教的符号，非惠能禅宗莫属，这也是公认的事实。禅宗又分北禅南禅，智怀居士谈禅就说：读惠能书，行神秀教。此话极是。地有南北，道不分南北。南禅北禅的差异依然是"佛教归化中国"这一过程的说明。话说得有些远了，回头说唐朝旧事：唐中宗李显复位，重立儒教，重立道教，重立佛教，在意识形态上与他的母亲武则天划清了界线，使李唐又回到了李世民的李唐，大唐帝国得以复兴。

一部真正的经书必是国家意识形态在精神层面上的说明；从根本上讲，国家意志产生了经书；再说透点，经书者，国家制造也，都是为统治服务。《论语》是鲁哀公授命有子编纂，《坛经》是唐中宗授命法海等人编写，一群和尚摇身一变成了中央秘书。中国的和尚万能，可以是和尚，可以不是和尚，不是和尚是什么？可以做官，可以经商，还可以做"驸马"，玄奘法师的弟子辩机和尚就与公主来往甚密，堪称"驸马和尚"，后竟被杀，可惜了。《坛经》中的和尚多了去，可以是侠客，可以是刺客，还可以是门客。惠能大师广开方便法门，故宜乎子孙多多，香火不绝。出家人享受在家事，这个修行好呵。他为什么那么厉害？他是国师嘛。《坛经》实为御制佛经，统领皇家佛教，其地位是国家树立的，这就是这部经典被广泛流传的秘密。惠能成佛了，国家也有面子。

有朋友问：都说惠能的头被韩国人割去了，有没有这回事？

这真是桩"无头公案"。话不可以这么说，请你把话说全了，免得吓人一大跳。是有这么一个传说，说惠能大师成佛后，他肉身的头被新罗国和尚金大悲看上了，想弄回朝鲜供养。说是供养，其实是想从中国弄点战利品回去炫耀，你们听说过尊重一个人又把这个人的脑袋割去"供养"的事吗？这岂不邪门！这事当然没成，惠能肉身头颅完好，据说今天还"供养"在某地某寺某室某龛云云，有心人可以跑去看，莫学金大悲。这个惠能大师说来可怜，一生都被人追杀，死了还要防备人家把自己的脑袋偷走，他遭的是什么孽、发的是什么愿，动静这么大，惹得众人如此恨他？原来他是想改变世界，从无中创出一个有来，使原有的作废，怪不得那些旧人恨他，新人争抢他的头颅。讲到这里，我劝在座的各位君子摸一摸自己的脑袋，问一声"头还在吗？"问问自己有几个脑袋够人割，有没有胆量做惠能这样的大事？无头公案讲毕，大家喝茶。

又有朋友问：《坛经》中记载惠能预言了有人要来割他的头，惠能有神通吗？

神通说出来就不叫神通了。夜长无事，你们喜欢神通、预言，我就说几件惠能的神通。第一件，惠能有爹有妈。第二件，惠能会吃饭。第三件，惠能会走路。神通讲毕，喝茶。

　　《坛经》的第三个意义是最重要的意义：《坛经》里面有一首诗，一首禅诗，一首好诗，这是以往一切佛经里面都没有过的开悟之作，任何人一读就懂，一读就悟，一读就心生欢喜。这首诗是一个叫"惠能"的人随口说出来的话，却道出了所有有追求、有信仰的人的心声。这首诗不在《唐诗三百首》里，不在《全唐诗》中，却是最好的一首唐诗。惠能是大诗人，王维就是学惠能的。《坛经》因这首诗而存在，禅宗因这首诗而流传，佛教因为这首诗被人喜欢，大唐帝国因为这首诗而永恒，唐人心性已被永久镌刻在这首诗中。后世文学受这首诗、受这个公案、受这部《坛经》影响很大。《红楼梦》就是受《坛经》影响写成的。《红楼梦》想说的就是《坛经》想说的，《红楼梦》的主题就是《坛经》的主题："本来无一物，何处惹尘埃？"《红楼梦》中宝、黛、钗三人谈《坛经》这首诗的情节是中国文学中的情禅经典。《红楼梦》可称"小说版坛经"，全书就是围绕着《坛经》那首诗展开的。"坛经偈"支撑了《红楼梦》的结构，对《红楼梦》的诞生作出了贡献。

　　我讲《坛经》，也无非是讲这首诗罢了，内含"坛经三支偈"，讲《坛经》中的三首诗。我劝大家把《坛经》当《红楼梦》读，或许会有启发；也可以把《红楼梦》当《坛经》读，或许会少生烦恼。

　　我用《红楼梦》讲《坛经》。《红楼梦》里的故事与《坛经》

里的故事一旦交叉，就呈现出隐秘的意思来。二书互相印证，总旨是虚空中有不虚。佛经本是文学作品，我用《金瓶梅》解《心经》，用《红楼梦》讲《坛经》，其实是最正常不过的，不过大家一定没听过这种讲法，难免有些吃惊，其实何足怪？误人子弟罪在我，自误罪在己，一些事情总该有人做。

《红楼梦》里面有个著名的三角关系，那就是贾宝玉、林黛玉、薛宝钗；《坛经》里也有个著名的三角关系，那就是弘忍、神秀、惠能。我把这两对三角关系相比照，效果就出来了，扑朔迷离中见真切，原来三角共一面，非三角不能成其事也！欲成大事者，三角里面寻！三角关系是最稳定的关系，什么叫"稳如泰山"？泰山是三角形的，珠峰是三角形的，金字塔是三角形的。三角成峰，抽掉任意一角，必会崩溃，因此要好好维持这个铁三角、金三角啊！

坛经三支偈

坛经第一偈

菩提自性，

本来清静。

但用此心，

直了成佛。

（《行由品》）

这是坛经第一偈，藏在惠能开讲的话中，一般看不出来，都没把他当偈子。其实这正是惠能开示的第一支偈子，很重要。此谓：开天辟地一首诗，只是茫茫无人知。把偈子藏在话中，这正是和尚的法门啊。他没说这是偈子，也没说这不是偈子啊。他没说他要说偈子了，冷不防就夹在话中说出来了，因此我们听人说话真的"听话要听音"啊！弦外之音固然要懂，这弦内之音更要懂。也许惠能说这首偈子时自己也没这个意识，这就更妙了。什么话最妙？最妙的话不是"天知地知、你知我知"，而是"天不知地不知，说出来了你也不知、我也不知"。那就让有的话随风去吧！

来看原文："大师告众曰：'善知识：菩提自性，本来清净。但用此心，直了成佛。善知识，且听惠能行由得法事意。'"

原文中暗藏的偈子："菩提自性，本来清净。但用此心，直了成佛。"

惠能一上来就说偈子，把最重要的道理告诉众人，明明一片用心，众人却当面错过，岂不可惜。往往就在开场白里，人会把接下来要说的全部事情都说完了。透露的是信息，没透露的是秘密。他既然没透露，那就不必打听了。凡是该透露的，人的话中自然会透露。说白了，人是透明的，人的命运写在身上，人的心情写脸上，人一开口就透露了他自己的一切。莲花是透明的，所以叫莲花。佛法是透明的，所以叫佛法。佛陀当初雪山一悟，睹明星而成道，他透明了！

千万不要玩神神秘秘，修行修的是真诚。态度比什么都重要，说话的态度就是做人的态度，态度决定一切。佛教说"不打诳语"，就是这个意思。有话直接说，并且一来就要说，不能藏着掖着，须知藏也藏不住，掖也掖不了。所谓佛菩萨，就是直达心源者也。所谓高僧大德，就是直探龙潭虎穴者也。惠能就是这种直探龙潭虎穴者也。他说话一来就上，没有铺垫，因为不需要铺垫，他的法门是单刀直入，明心见性。

我们自家说话要像惠能一样才好，有话直说。会说话者会听话。我们听人家说话该怎么听呢？什么才叫做"知言"？公孙丑问孟子："何谓知言？曰：诐辞知其所蔽，淫辞知其所陷，邪辞知其所离，遁辞知其所穷。"（《公孙丑上》）孟子告诉我们：听到偏激的话要听他想掩饰什么，听到放肆的话要听他想诱惑什么，听到邪恶的话要听他想背离什么，听到逃避的话要听他想逃到哪里。孟子这个人很尖锐，说话不留情面，一下子就把人打回原型，那么些人说的那么些话，自以为高明，把皮一剥，不过是白骨精。除了孟子指出的这四种人们常见不堪的说话方式"诐辞"、"淫辞"、"邪辞"、"遁辞"之外，庄子还列举了很多世人常用的说话方式，如"大言"、"狂言"、"小说"（原意是说小话、打小报告）等，而庄子自己说的则是"寓言"、"忘言"。

不管什么话，都必须是人话。不说人话，必说鬼话。好些人不学佛还好，一学佛就不会说人话了，真正学佛的人要像惠能一样有话就说，不说则已，一说就是直心肠的话。什么人说什么话，听人说话不要听他所说的内容，要听他说这番话的方式。表达方式决定说话内容，言语形式决定言语命运，说话的环境比话本身更重要。何谓"说话的环境比话本身更重要？"这很好懂，在花前月下说说悄悄话是可以的，在一堆瓦片前说悄悄话就费解了。

禅宗最会说话，惠能之后，"参话头"之风大盛，呵佛骂祖者有之，棒喝拳使者有之，可惜都走歪了。就惠能本意，人，还是应该说正话，有话直说，不玩花样最好。孔子也鼓励人行直道。

在讲经说法的开头，惠能当着一千六百人的面，在广东韶关大梵寺高高的台子上，一来就说偈子，然后就告诉大家他得道的经历。很自然，很家常，没有花样，没有废话。来听讲的虽然不一定都是正人，但他一定要讲正话，因为他的话是讲给自己听。孔子说："其身正，不令而行。其身不正，虽令不从。"就是这个意思。惠能说的是正话，在他眼前是一千六百人也好，一万六千人也好，还是百万千万人，他都一样，到哪里都说一样的话，那就是正话、真话、整话。正话就是正常话，不反着说，也不用旁敲侧击，正面进攻最好；真话就是有几分说几分，一分都没有就直说"我不知道"；整话就是把话说完整，说全了，千万别搁下一句话悬在那里，说话不可以说成评书，"下回再表"，别让一颗心悬在那里，要给人踏实的感觉，一次就把话说清何妨？说正话人人会，只是有人不爱说。什么叫自说自话？就是不怕不交流，就怕乱交流，在没人听的时候，不妨自己对自己说句正大光明的话，不然沉默最好。说正话表明这是个正常人，可信，可交，可从。我们鼓励大家说正话、修正法、走正道。平平常常、普普通通最好，这是必不可少的。世人舍弃不用的，在正道人看来是法宝。讲了这么多，我是先告诉大家惠能说话的方式，这顶重要，不明白这个就不懂《坛经》，进不了惠能的内心世界。惠能这种"有话直说"的方式正是他"直了成佛"佛法的开示，在座君子休不知也！我告诉你们惠能说话的方式，就是在告诉你们惠能所传的佛法。我告诉你们他说话的方式，再告诉你们他说的是什么话，为什么一定要这么说，自然就好懂了。《坛经》是个大坛子、闷罐子，我来揭开这个盖。

一千六百年前，有一个人面对一千六百人，说了四句话："菩提自性，本来清净。但用此心，直了成佛。"

这话的字面意思是：觉悟出自本性，本来就是清净。只要用你的心，直接就能成佛。

这话的深层意思是：觉悟靠自己，清净靠自己。如果有颗心，就要去成佛。

这话的真正意思是：没什么觉悟，没什么清静，没什么心，没什么佛——一旦着相，万劫不复。

这就是我先前说的惠能是在讲《金刚经》与《心经》，他把这两部经综合，得出了如上的观点。这四句偈子是《金刚经》与《心经》里的东西，但又超越了此二经。惠能不是简单地综合提炼，而是根据自己的实修实证，说出了自己的观点。

"菩提"的意思是觉悟，惠能指出：一说觉悟就表明还没觉悟，因为已经觉悟就不必说觉悟，求觉悟才会说觉悟。求觉悟是求人，好比缘木求鱼，那是不可能的，因此惠能说没什么菩提，没什么觉悟。没有"木"，也没有"鱼"，学佛不需要"木鱼"。

"自性"是本性，其理同上：说本性即失本性，因此"不说"最好。

"本来"是没来，不是来了。来了就会走了，为了让他不走，就当他没来。

"清净"是不可能的，一念叨就有火。静观心火，反而清净。心火腾腾处，火上有莲花。火宅一枝莲，开放在雪山。

"此心"是无心。陶渊明在《归去来兮辞》里说："云无心以出岫，鸟倦飞而知还。"这两句写得好。

"成佛"是魔话。真正成佛的人不说这话。惠能之所以随大家也说了句"成佛"的话，是为了不惊动大魔头。

话虽如此，他还是惊动了。惠能宣称："但用此心，直了成佛"——"心即是佛"，这是人类向魔界挑战的战书，是人的宣言，是有史以来最简单有效的修行法门、证佛次第，修行在我，外人请走开。"心即是佛"等于说"我就是佛"，没别人的事，表明不受控制，这样一下子就解放了众生锁链。原来以往万千法门，都走了冤枉路，害得人做了冤大头。如今回头，才知道我就是佛，每个人的身体就是他自己灵魂的彼岸。原来以往诱人学佛者，是借佛之名控制人，甜甜蜜蜜把圈套笼上，好随意摆布。他们把成佛之路搞得那么复杂，搞出了那么多花样，就是为了把人搞晕整死，居心叵测。如今听了惠能这句话，才知道学佛不需要代理人，信仰是自己的事。

认识自己，就是学佛。

肯定自己，就是"成佛"。

我这些话究竟是我执，还是无相，请君自明。

我们与这个世界是单对单的关系。惠能说"直了"，难道不成
还有"弯了"吗？"直了成佛"我听说过，"弯了成佛"我没听说过。
了就是了，既然是了，就必定是直接了断。长痛不如短痛，痛过就
好了，不痛是不可能的。人活世上，就是等那一刀啊！倒不如自己
来。《红楼梦》里面有首《好了歌》，大家没事的时候不妨找来看看。
贾家四艳里面，你们最喜欢谁？反正我最不喜欢不认亲妈的贾探春，
贾惜春也是个没心肠的人，枉自画画得好，人不如画。不如画的人
画出了如人的画，这也是怪事。抄捡大观园的时候，惜春的丫头入
画被查出与贾珍有私，人家要借题发挥、收拾入画倒也罢了，惜春
竟然也主动配合别人把入画撵走，这也"不容易"啊。尤氏笑他绝情，
他自称"了悟"。请看《红楼梦》第七十四回《惑奸谗抄检大观园
矢孤介杜绝宁国府》：惜春道："我不了悟，我也舍不得入画了。"
尤氏道："可知你是个口冷心冷、心狠意狠的。"惜春道："古人
曾也说的：'不作狠心人，难为自了汉。'我清清白白的一个人，
为什么教你们带坏了我？'"好一句"不作狠心人，难为自了汉！"
惜春说的"自了"同惠能说的"直了"，大家不妨参悟参悟。这次
捡抄大观园是个不祥的预兆，他们自己抄自己；有了他们自己抄自己，
才有日后被人家抄家。今日的"大观园"就是明日的"大关园"啊！
探春评惜春："这是他的僻性，孤介太过，我们再傲不过他。"大

凡有一群人在一起，必会一个比一个傲。《红楼梦》里面，贾宝玉傲不过林黛玉，林黛玉傲不过薛宝钗，薛宝钗傲不过贾探春，贾探春傲不过贾惜春。惜春以妙玉为师，又超过了她师父的修行。当师父走火入魔时，徒弟依然定心无闻。你们说说看谁是师父？不如人的人为什么当了师父？超过人的为什么先要做徒弟？贾家四艳里面，就她一个人得了善终，带发修行。好一个千金小姐，化作万金佛身。惜春凭什么傲？因为她不肯把自己扔给狼、嫁给鬼，一个人过去，我看她已经修成菩萨了。惠能说"但用此心，直了成佛。"唯惜春能之。

　　既然我们与这个世界是单对单的对应关系，自己直接成佛就可以了，与一切人无关，为什么还要讲什么三角关系？这是因为：人类是分裂的，人的身体与灵魂不在一处，人的一生都在"找魂"。为什么有的人失魂落魄？他的魂没了。在灵魂那边，他也在寻找肉身作彼岸。为什么有的人如行尸走肉？他的肉身正在等候灵魂的召唤，正在赶赴一场灵肉合一的盛宴。只是路不好走，这行走的肉体可不要走到屠夫家去了。人既然是分裂的，那么实际上有两个"我"。我失去我，这叫"灵魂出窍"；我找到我，就叫"元神合一"。这是道家的说法，在修行里不分道家佛家，得了好处就是一家。既然有两个我，那么人就会在茫茫人海中寻找那另一个我。根据《金刚经》的说法："所见皆虚妄"、"所见皆外相"，这个世界是不存在的，你可以理解成一堆尘土浮在空中，暂时因缘聚合，本来四大皆空。现代科学也有类似说法：我们看到的世界，是自己内心世界的投射。同样一件东西，在一人看来是红的，另一人看来是紫的，也有人看来是橙色的，因人而异。这就说明了事情因人而存在，这样就可以解释为什么有的事情有人认为是存在的，而对另外一些人而言根本不存在。"真"是自认，所以汉语里有个词就叫"认真"，就是这个意思。真是认出来的，不认就没有真。你在茫茫人海里找到那个像自己的人是你人生的依恋，他可能是你的恋人情人、最终成为你的人；也可能是你终身的朋友，也可能是你终身的敌人。其实是什么人不重要，重要的是你离不开他。刘邦离不开项羽，他们两个又都是秦始皇的化身。三角就是这样形成的。这个现象揭示了：人在寻找自我过程中，自我也在寻找他，并且，别人也在寻找别人的自我，别人的自我也在寻找那个他。当两个（其实是两组）寻找自我的人一交叉，就可能互认为"我"。他们敌对、互补，最终互相摧毁，或互相成就。三角是心灵的投射。线段虽然能固定两端，上下太空虚。三角是完美世界。当世界呈现三角形，就会出现爱欲的奇峰。智慧亦如此，争风吃醋，往往大悟。你死我活，善下者活。道家谓之不争，佛家谓之圆满。明心是因为闹心，见性是因为乱性。不闹不乱，成了死静。因此有智慧的人不怕闹也不怕乱，坐在路边等花开。红尘好成仙，杀场见真佛。就在不可调和的敌我矛盾中，洞见人的本性。自顶而视，三角是一条永远延伸的直线。佛陀在雪山之巅俯看红尘，也是如此。这条无穷无尽、永远延伸的直线，我们把他叫做命运，你和我都在这条线中。或平行，或交叉，或合一，或不相干。在己似无涉，若自整体而言之，又何分彼此。和光同尘，必然沉瀣一气。就在呼吸吐纳之间，新人辞旧人，旧人见新人，新人的新人很快变成旧人，旧人的旧人一见如故，转又觅新。人被"剥皮"的过程，我们叫他革新。佛教不说新旧，但说轮回。这次轮回中有你，下一次呢？这次轮回是为你而来，你的轮回又是为了谁？

　　凡事有一必有二，必有三；凡见一人，必有第二人，必有第三人。这都是伴生的。人都被另一半牵着走。你在路上看见一只小狗戴着项圈乐颠颠地跑，也就知道它的主人在不远处。能让小狗戴项圈并且还乐，这就是主人的法门了。《红楼梦》里惜春与鸳鸯聊天，一聊就要聊到老太太，就是这个道理。这个贾老太太，信佛有一套。凡是富贵人信佛，总是为了保富贵，富贵之外就叫"佛无灵"。在贾老太太眼中，佛有时是老天爷，有时是她的管家，老太太的私心是儿孙满堂不被人欺，为了这个她也尽心尽力了，这也是修行。鸳鸯说：老太太发心要找人写三千六百五十零一部《金刚经》。老太太并且还知道：《金刚经》就像那道家的符壳，《心经》才算是符胆，故此《金刚经》内必要插着《心经》，更有功德。（加上宝黛钗三人畅谈情禅，说《坛经》偈子，《红楼梦》中三大经典全矣）老太太要抄三千六百五十零一部经，意思是奉献十年光阴供一佛，零头是怕不足，作补。看，老太太信佛就是信得细，她的信仰精打细算，这笔买卖不差。惜春说"这样说来，老太太做了观音，你就是龙女了。"鸳鸯说："那里跟得上这个分儿。却是除了老太太，别的也服侍不来，不晓得前世什么缘分儿。"至于贾赦要把鸳鸯从老太太身边夺走，没能成，也是没这个缘分。看来三角也不是随随便便能形成的，这都是福报啊。

前段时间我在广东，本来想去罗浮山，没去成，就在深圳呆了几天，碰到了一帮搞影视的朋友，他们想拍讲惠能大师的片子，片名就叫《三更鼓》。关于这个"三更"，广东和香港的朋友用广东话来读，指出应该读成"三更（jīn）"。这种读法合于古法，是客家人保留的中原古音，我认为是正确的。广东的朋友都因为惠能是广东人而感到很骄傲，我身在广东，也跟着沾了光。惠能原来是北京人，关于这一点，又重要又不重要。《三更鼓》这部戏，究竟拍没拍我也不知道，但事情的发展往往奇妙，从广东回来后没想到我自己讲起了惠能大师和他的《坛经》，也许这是冥冥之中的安排。当初存了一个念想，日后必会实现，这已是屡试不爽了。人只要发心正，一切皆有可能。《大学》所谓"正心诚意"，即此谓也。回北京后，我感觉惠能就在我身边，足音相接，气息相闻。我的左手摸着《坛经》，右手好像握着惠能的手。他想给我什么呢？他的衣钵我不要，还是请他自己留着用吧，我想知道他究竟有什么心事？一千六百年来无人知晓。也许，不是我与惠能有缘，而是惠能与我有缘。窗外暮色，室内华光。夜，又静了；心，也净了；人，更近了一分。如今，我就跟大家讲讲《三更鼓》的故事。

《坛经行由品》：祖（五祖）潜至碓坊，见能腰石舂米，语曰："求道之人，为法忘躯，当如是乎！"乃问曰："米熟也未？"惠能曰："米熟久矣，犹欠筛在。"祖以杖击碓三下而去。惠能即会祖意，三鼓入室。祖以袈裟遮围，不令人见，为说《金刚经》至"应无所住而生其心"，惠能言下大悟。

这个故事讲的是，五祖弘忍大师偷偷摸摸跑到惠能干活的作坊，看见惠能的腰上绑了一块石头，增加自己的体重，正在跳上跳下舂米，把自己当成一个大棒槌。五祖哪里见过这种场面，见这小伙子这么能搞，忍不住就说："求道之人为了佛法奋不顾身，也应该这样啊！"这个片断，是《三更鼓》的前奏。我们可以想象一下，惠能舂米很有节奏，就像三更打鼓一样，任何事情都必须要有节奏才能成。这个舂米的情节和接下来要发生的《三更鼓》的故事之间是有联系的，总之充满玄机。说是玄机也不对，有的事情该发生自然就会发生，你把玄机当玄机他就是玄机，玄之又玄，妙不可言；你不把它当玄机，就什么也不是。五祖见了六祖舂米，这老头就问了一句怪话，他问："米饭煮熟了吗？"这不是句怪话吗？米还在石窝里，稻子刚脱皮，有的变成了大米，有的还没变成大米，这老和尚明明看见了，是不是饿疯了，几百年没吃东西？看见大米就想抓起来的是米饭，难道这就是他的活法？老头子戏弄小伙子，小伙子就大战老头子，惠能听了弘忍的怪话，回了一句更怪的话，他说：米饭早就熟了，只是还要筛两下。这句是怪之又怪的怪话，等于在命令一只已经煮熟的鸭子：去！下河去抓条鱼上来。这，不是强人所难吗？五祖见六祖破了他的禅机，知道斗不过这小伙子，看来这个接班人找对了，心里面很欢喜，不再废话，马上办事。老头用拐杖在石窝上"磕磕磕"敲了三下，然后什么也没说就走了。惠能对老头玩的这一手，感到很好玩，这不就是鸡啄米吗？老头啄了三下，看来是让他做一只鸡呀！鸡是干吗吃的？当然得打鸣，人还没有起床的时候，鸡就起床了。惠能明白：老师是让他在打三更鼓的时候进去。进去就进去，于是进去了。老师知道他要进来，先用袈裟把说话的地方围起来，做成一个袈裟帐篷，不让人看见，好秘密传法。这是一场遮得密不透风的无遮大会。我们可以想像得到：五祖先坐在这个袈裟帐篷里面，静悄悄地一动也不动，他的方丈室很小，不小也不能叫"方丈"，现在他在这小房间的小帐篷里面，要在这个小空间里办一件大事情。他闭上了眼睛，听啊。他听到了秋天的夜晚，风在瑟瑟地响，他的庙宇一片宁静，宁静之中暗暗有噪声。他又听，又听，听到了自己的呼吸与心跳，不紧张是不可能的。禅宗的命运今天晚上就要决出分晓。一更天，二更天，一声鼓，两声鼓，当三更鼓响起来的时候，鼓响他就来了。他坚定的脚步和鼓点融为一体，他踩着鼓点进发。他的肩头披着星辉，他的粗布衣袖盛满秋风鼓翼而进。一进方丈室，他带来的风就把门关上了。顿时，整个房间陷入了惊人的黑暗之中，这是他期待已久的静谧。"来了？"一个苍老的声音响起，他恭恭敬敬地叫了一声"师父"。"进来。"于是膝行而前，肩头披拂着袈裟，几乎就撞在了老师的胸前。黑暗中没有废话。老师向他讲起《金刚经》，这是他的本愿。当初，他兴起这段佛缘，就是因为有人告诉他师父在黄梅讲《金刚经》，如今他已经在黄梅，已经在师父的身边，师父正在给他讲《金刚经》，这是命定啊。师父说："应无所住而生其心"，是指导我不要执著才会得到自我。下雨的云怎样从空空的天上生出来，我们下雨的心就应该怎样从空空的世间生出来。四大皆空，真性不空。这就是惠能"三更鼓"得法所悟。

我们听了这个故事，是不是觉得五祖对六祖真好！要是你这么想，又被老和尚忽悠了。半夜三更把人叫进屋里说话，这只不过是老头儿的常用手段，并不是对惠能的特殊待遇，也毫无神秘可言。

人已到老年睡眠就少，到时候你也会有听到三更鼓响就想找人说话的时候，寂寞呀！那时你会想起这句话。弘忍在黄梅，最大的愿望就是把法脉传下去，这个三更鼓，先前他已经上演过一次。那次他找的是谁？就是神秀。你细细地翻一翻《坛经行由品》就知道了。

告诉大家一个秘密，这是我的研究，在别处你是听不到的。这个秘密就是："三更鼓"上演了两次，弘忍传法先后传给了两个人，第一次他已经传法给了神秀，第二次他又传法给惠能。我这么一讲大家明白了吧，弘忍所说的"米饭熟了吗？"暗示他早就吃过米饭了，惠能如果不知道真正的米饭在谁手上，惠能舂米也白舂。这句话的机锋是何等凌厉！幸好被惠能识破。弘忍既然传了两次法，一法双传，那么以谁为准？他这么搞不是在制造矛盾与斗争吗？他这个做法埋下隐患，不是自己在拆自己的台吗？他是用心良苦搞了个备份，还是在告诉我们佛法本来就是同生同灭的？这些问题，如果我们没有读惠能的开宗明义第一偈，是不可能得到圆满回答的。

我们来看《红楼梦》第一回《甄士隐梦幻识通灵　贾雨村风尘怀闺秀》，里面交代宝、黛、钗三人的来历。书是这样写的："空空道人遂向石头说到：'石兄，你这一段故事，据你自己说有些趣味，故编写在此，意欲问世传奇。据我看来，第一件，无朝代年纪可考；第二件，并无大贤大忠理朝廷、治风俗的善政，其中只不过几个异样女子，或情或痴，或小才微善，亦无班姑、蔡女之德能。我纵抄去，恐世人不爱看呢。'"

空空道人这段话，一口气交代了宝、黛、钗三人的来历，称贾宝玉为"石兄"，称林黛玉为"蔡女"（蔡文姬），称薛宝钗为"班姑"（班婕好）；评贾宝玉为"自己说有些趣味"，评林黛玉为"或情或痴"，评薛宝钗为"小才微善"。我们姑且不管空空道人的评语如何，他开头说的那句话很有意思，照他说来，石头的故事是石头自己编写的，也就是说林黛玉、薛宝钗是贾宝玉所"经历"的，或者说，压根就是编造的。换言之，贾宝玉"生"出了林黛玉和薛宝钗，以提供他自己所谓的"趣味"。这层"玉生玉"、"玉生金"的关系是我们以往没想到的，却是《红楼梦》明文记载，这对我们准确把握《红楼梦》的创作动机有帮助。

《红楼梦》这个三角关系，其实说白了就只有一块石头在那里，正如《坛经》里的三角关系，其实也只有一个老和尚在那里把袈裟脱了又穿、穿了又脱，如此而已！什么叫"但用此心，直了成佛"？就是要直面自己。当你找到了一个变无可变、失无可失的自我时，就找到了真实的自己，你就是你心中的佛。佛不分男女，佛也没有过去，惠能打出了弘忍的袈裟，这才有了一片新的天地。你想想看，简易房修出了大楼房，茅草棚捧出一个国家，只要直心直意干，路就在眼前。对上了号，自己就是门，自己就是台阶，自己就是大雄宝殿，还需要供什么佛？此为坛经第一偈。

坛经第二偈

惟求作佛,

不求余物。

(《行由品》)

一个和尚在私下里说了些什么，我不知道，两个和尚在一起肯定要说偈子。这首偈子就是惠能第一次见弘忍的时候说的偈子，那时候他还不是和尚，说了这首偈子他就成和尚了。

"惟求作佛，不求余物。"这是惠能对弘忍的回答。弘忍问他："你是哪里的人？到我这里干什么？"惠能就恭恭敬敬地对师父说："弟子是广东新余人，大老远跑过来拜见师傅，只求作佛，再不想做别的。"

我们细想：惠能这句话好无礼呀，他到底是来拜师，还是来拜佛？师父就在眼前，他却说想做佛，言下之意是他想迈过去，不想做师父这样的人，想超越师父做佛，这岂不是当面打师父的脸吗？后生可畏呀！当下弘忍就教训惠能说："你是广东人，不是中原人，又是一个打柴的，就跟山林里的野人没什么区别，凭什么做佛？"好个惠能，牙尖嘴利，回答说："人虽然分南北，佛性没有南北，野人的身体跟和尚不同，但在佛性上有什么差别吗？"见这打柴郎一下一下地来，弘忍觉得有意思极了，还想和他说几句，这时候人越来越多，庙里的老和尚、大和尚、小和尚都围过来，听这野和尚吹牛皮。弘忍呵叱了一句："干活去！"安排惠能到作坊干粗活，对这孩子上了心，留了意，下了注，想赌一把，看他是不是真正能干大事的人，这才有接下来的"三更鼓"。

上述公案，是惠能见弘忍，不是弘忍见惠能。为什么这么说？

因为此事对惠能来说，是必然、当然、定然，他在做打柴郎的时候，听人说起讲《金刚经》的弘忍这个人，那一瞬间，他被激活了因缘，启动了因果，心生欢喜，当下就发了大愿，一定要见弘忍，一定要听他讲《金刚经》，一定要成佛。他是这么想的，也是这么做的，所以他能见到弘忍确实是一件必然会发生的事情；而对弘忍来说，惠能的出现完全是个意外。弘忍的庙在湖北，惠能从广东跑过来，要经过江西与湖南，前前后后走了四个省，好几千里路，不容易呀。但是这依然还不能说明什么，肯下功夫吃苦的人大有人在，敢发大愿心、敢说豪言壮语的人也大有人在，凭什么说他惠能就是佛菩萨选定的接班人？"惟求作佛，不求余物"。谁求谁？怎么个做佛？这段公案怎么参？惠能一来就要做佛，一来就要当老大，要做师父的师父，虽然自称"弟子"，他可不是来当徒弟的，那他来干吗？显然他的目的性很强，目标很明确，他来是想得宝，也可以说是抢宝、夺宝来了，怪不得接下来他就惹下了杀身大祸，有人欲灭之而后快。弘忍倒是容得下他，也在罩着他，但一个老头，行将就木，泥菩萨过河，自身难保，他都要日夜防着有些人来夺他的宝，又怎能不提心吊胆？原来是一个人想来夺宝，这下好，第二个夺宝的又来了，更凶、更强，更加目中无人，无法无天，这老头还保得住吗？都说外来的和尚好念经，也都说新来的就是最好的，往往最后出现的那个人就是得宝的人。我们在日常生活中，你不坐的车，它一辆接一辆地来，你要坐的车，等半天他也不来，世上的事情就这么怪，整得你没脾气；人也是这样，你想见的人见不着，不想见的人，一拨接一拨地闹。其实这些还是不关别人的事，是我们自己没想清楚，没看明白。

弘忍能忍,他很喜欢这个无礼的惠能,他这是有道理还是没道理?
什么叫做缘?它是方的还是圆的?如果真是一个圆,那么圆心在哪
里?圆心的圆心是不是空心?心空了还是不是心?一颗空空的心,
到底能装下多少东西?"唯求作佛,不求余物"。惠能说心就是佛,
是想把心放在佛里面,还是把佛放在心里面?肉心能接纳真佛吗?
肉身就是真身吗?为何人的肉体如此沉重?也许只有沉重的东西压
在那里,才会发出一根灵芽。老子说:"君子终日行,不离辎重。"
就是说人要把自己压在这里,才能长出希望。把自己压扁了,希望
就压出来了。没有雪山,哪有雪山上的莲花?有雪有莲才叫雪莲,
雪与莲原是一体,雪中莲、莲中雪都是它。看来惠能并不是来夺宝,
因为他自己就是一块宝,怪不得弘忍喜欢他,并不是老的把宝传给
小的,而是这老老小小都是活宝啊!哪里还需要什么别的宝。惠能
见弘忍,这个公案就应该这么参。

　　《红楼梦》里的宝是贾宝玉,这块宝被人夺来夺去,他自己也
认为自己有无数的化身,可以分给所有的人,最终落得"白茫茫一
片大地真干净"。人不把自己当完整的人,别人就会撕了你!《红楼梦》
里这"一宝三身",他们想合一,最终没能合一,留下了残缺美。
我们来看宝、黛、钗三人最初的出场。

　　贾宝玉的出场:"这政老爷的夫人王氏,……后来又生一位公子,
说来更奇,一落胎胞,嘴里便衔下一块五彩晶莹的玉来,上面还有
许多字迹,就取名叫作宝玉。"(《红楼梦》第二回《贾夫人仙逝
扬州城　冷子兴演说荣国府》)

　　林黛玉的出场:"雨村便相托友力,谋了进去,且作安身之计。

妙在只一个女学生，并两个伴读丫鬟，这女学生年又小，身体又极怯弱，工课不限多寡，故十分省力。堪堪又是一载的光阴。谁知女学生之母贾氏夫人一疾而终。女学生侍汤奉药，守丧尽哀，遂又将辞官别图，林如海意欲令女守制读书，故又将他留下。近因女学生哀痛过伤，本自怯弱多病的，触犯旧症，遂连日不曾上学。"（《红楼梦》第二回《贾夫人仙逝扬州城　冷子兴演说荣国府》）

薛宝钗的出场："且说那买了英莲打死冯渊的薛公子，幼年丧父……寡母王氏乃现任京营节度使王子腾之妹，与荣国府贾政的夫人王氏，是一母所生的姊妹，今年方四十上下年纪，只有薛蟠一子。还有一女，比薛蟠小两岁，乳名宝钗，生得肌骨莹润，兴趣娴雅。当日有他父亲在日，酷爱此女，令其读书识字，较之乃兄竟高过十倍。自父亲死后，见哥哥不能体贴母怀，他便不以书字为事，只留心针线家计等事，好为母亲分忧解劳。"（《红楼梦》第四回《薄命女偏逢薄命郎　葫芦僧乱判葫芦案》）

这三段文字，表明了宝、黛、钗出处，三段文字要合起来看才有意思。《红楼梦》可不是一般的书，我说了《红楼梦》是小说版《坛经》，里面讲的是因缘，讲的是"直了成佛"，讲的是"惟求作佛，不求余物"。这一个人化出来的三个身体：宝、黛、钗，最后都惨兮兮的，谁也没成佛，但把他们三个人合起来看，依然是佛。

佛是什么？佛不是贾宝玉的誓言，不是林黛玉的眼泪，不是薛宝钗的金锁，但是他们三个人都指向了同一个地方，那就是自由，也可以叫做解脱，也可以叫做归宿。贾宝玉和谁都有缘，跟林黛玉是木石缘，跟薛宝钗是金玉缘，他的缘大了去、多了去，偏偏跟自己没有缘，这样是成不了佛的。大家都把一块顽石当成宝，岂不可悲吗？

我有一个发现，一个有关《红楼梦》的秘密，大家要细读《红楼梦》里面交代林黛玉和薛宝钗来历的文字，这段有关他们来历的文字就是他们命运的说明。开头的决定最后的。人的良心居然可以被狗吃了，人的因果也可以被自己吃掉，真人面前不说假话，没到结局，也别说因果。这是我的奇谈怪论，只不过是在提醒大家不要被因果套住了，你承认他是，他就是，你不承认他，他什么也不是，正好比一个人不承认有佛，那么所谓的成佛对他来说就毫无意义，因为我们不可能去做一个不存在的人。我要告诉你的秘密就是：林黛玉和薛宝钗是互补的，他们谁也离不开谁。刚开始的时候死掐，最后突然明白了：原来死掐的人都是"双伴儿"（孪生同体）。有此觉悟，后来他们成了最好的朋友，这也是必然的。大家细读《红楼梦》就知道：相遇之时，林黛玉没妈，薛宝钗没爸，而贾宝玉父母双全，你说他们三个走到一起会怎样？

因为这样的命，因为这样的缘，他们必须要合一才能找到自我。林黛玉就爱贾宝玉，这不是一件很自然的事吗？薛宝钗原来是准备选妃的，她也没说不想嫁给皇帝，自从遇上贾宝玉这个"皇帝"之后，她有一个皇帝就够了，哪里再敢去招惹别的皇帝？贾宝玉这个大魔头，一旦把薛宝钗"魔"上了，可就再也甩不掉，被他收服了，从此也像林黛玉一样，死心塌地地跟贾宝玉。她是跟林黛玉学的。爱一个人是一件没"出息"的事，因为那意味着投降，意味着臣服，但是如果你身在其中，就会进到另一种价值观里面。世俗所谓的出息，其实正是妨害人真正有出息的地方。所谓修行，就是修来越没"出息"越好。贾宝玉最没"出息"，但就他是"真人"。这是他感染人之处。薛宝钗明白了这一点后，不再做任何比较或争夺，是她的就是她的。林黛玉没完成的，薛宝钗来完成。宝钗加黛玉等于宝玉，这是曹公妙笔。从这一点看来，最终薛宝钗嫁给了贾宝玉，这是必然的。她并非替代品，更非牺牲品，她与贾宝玉的这段缘得以圆满，是她修来的。而林黛玉与贾宝玉的那段缘，以残缺的方式圆满了，以没实现的方式实现了。

红楼真修是一心一意，贾宝玉是专一的。他可以有两个专一，这不等于说不专一。他明白要单对单的道理，绝对不会混淆，他不会用对待林黛玉的方式对待薛宝钗，也不会用对待薛宝钗的方式对待林黛玉，这是他的智慧，他找到了属于自己的方法，就说明了他已经找到了自己。

惠能说："惟求作佛，不求余物。"当一个人一生只干一件事，那他就成了。不管面前有多少人，找到这个"一"，那他就跑不了。"惟求作佛"，人在求佛，佛也在求人，当两不相求两相清，那么我就是佛，佛就是我。本体呈现，无物中有物，哪里还需要别的东西？自己就是一片天，什么都有了。这是惠能本义。我用《红楼梦》讲《坛经》，让复杂的更复杂，但是当两种复杂在一起的时候，也就不复杂了。学佛应是单刀直入，我劝你别去天桥耍大刀。

坛经第三偈

（亦云红楼主题诗）

菩提本无树，

明镜亦非台。

本来无一物，

何处惹尘埃？

（《行由品》）

世上有一种禅叫情禅，有一种佛叫情佛。情佛修情禅，情禅悟情佛。思想时"每日情思昏昏"，了悟处冰雪灌顶。

学佛好比谈情说爱，不专一不行，太专一成了魔。什么叫走火入魔？你自己向火堆走过去，自愿投入情魔怀中，这就叫走火入魔。

那魔冰雪聪明，有时魔诱人并非依靠火，而是用一片冰雪，向你展示美好与纯洁。当你觉得他纯洁时，不知不觉你就不纯洁了。当你觉得他美好时，不知不觉你就不美好了。

低段位的魔张牙舞爪，有魔的样子；高段位的魔一点儿也不闹腾，他教你积德行善，清心寡欲；他教你静处赏花，动处赏月，是个安静魔、修行魔。人一修行就成魔了，因为自然状况下的人是不需要修行的。婴儿吃奶就可以了，旷古未闻婴儿需要修行。修行的都有病，学佛易入魔。最高段位的魔教你灭魔。所以啊，当你听到有人教你如何如何消除生活中的烦恼，你就要知道，他的烦恼其实更大。有人说要拯救你，其实是他自己掉在坑中，要把你拉下去垫背。有人会捉鬼，当然啰，鬼是他养的，也是他放到人间的，听他使唤，他当然会捉。而他自己正是以鬼为食，他不捉鬼、不吃鬼就会饿死。大鬼灭小鬼，你说那是灭吗？"灭魔事大"，这是诱杀人之词。斩魔通魔道，灭魔成魔亲。他要你灭他，你就是这样成魔的。皆因人喜欢供养那魔，不灭还好，灭魔成了养魔。一点一点地，他养成了，最后供养的人自己也成了供品。

当日神秀对弘忍说："身是菩提树，心如明镜台。时时勤拂拭，勿使惹尘埃。"弘忍评曰："未见本性。"

　　情禅得悟，这也是骗人的。个中人宁愿陶醉在那昏迷中，不愿醒来。说悟者迷更深。我就问你一句话：你肯要没法吃的酸葡萄，还是要吃剩的葡萄籽？你说我要刚刚好的甜葡萄。除非你是上帝，不然就连栽种的人也不知道什么叫"刚刚好"啊。栽种的人是他，使果子成熟的并不是他，收获的人在暗地里。

　　《红楼梦》中，因接连几场闹腾，林黛玉、薛宝钗、史湘云三个人拉着手来向贾宝玉问罪。这架势，活生生要把贾宝玉吃了。一个女人尚且让人招架不住，何况三个女人！贾宝玉只有服软的份，只有认输认罪的份。

　　一进来，黛玉便笑道："宝玉我问你：至贵者是宝，至坚者是玉，尔有何贵？尔有何坚？"宝玉竟不能答。三人拍手笑道："这样钝愚，还参禅呢。"黛玉又道："你那偈（你证我证，心证意证。是无可证，斯可云证。无可云证，是立足境）末云：'无可云证，是立足境，'固然好了，只是据我看，还未尽善，我再续两句在后。"因念云："无立足境，是方干净。"宝钗道："实在这方悟彻。当日南宗六祖惠能，初寻师至韶州，闻五祖弘忍在黄梅，他便充役火头僧。五祖欲求法嗣，令徒弟诸僧各出一偈。上座神秀说道：'身是菩提树，心如明镜台。时时勤拂拭，莫使有尘埃！彼时惠能在厨房碓米，听了这偈，说道：'美则美矣，了则未了。'因自念一偈曰：'菩提本非树，明镜亦非台。本来无一物，何处染尘埃？'五祖便将衣钵传他。今儿这偈语，亦同此意了。只是方才这句机锋，尚未完全了结，这便丢开手不成？"黛玉笑道："彼时不能答，就算输了，这会子答上了也不为足奇。只是以后再不许谈禅了。连我们两个所知所能的，你还不知不能呢，还去参禅呢。"宝玉自己以为觉悟，不想忽被黛玉一问，便不能答。宝钗又比出语录来，此皆素不见他们能者，自己想了一想："原来他们比我的知觉在先。尚未解悟，我如今何必自寻苦恼？"想毕，便笑道："谁又参禅，不过一时顽话罢了。"说着，四人仍复如旧。（《红楼梦》第二十二回《听曲文宝玉悟禅机　制灯谜贾政悲谶语》）

惠能这首著名的诗偈，有好几个版本，不同版本的文字差异很大，意思一样。

《坛经偈》原版：菩提本无树，明镜亦非台。本来无一物，何处惹尘埃？

《红楼梦》中宝钗引述《坛经》较随意，宝钗版《坛经偈》：菩提本非树，明镜亦非台。本来无一物，何处染尘埃？

《红楼梦》没有《金瓶梅》白，没有《三国》文，《梦》在文白间。贾宝玉对钗黛二人的表白半文半白，钗黛二人的回答纯粹是白话，看来还是女人胆子比男人大，话说得出口。黛玉直说：你连我们都不如，凭什么教训我们、妄想收拾我们？这句话立马就把宝玉镇住了，细想自己果然不如她们，从此以后就甘愿做她们的臣民吧。这次三角大战（加上湘云四角俱全）以钗黛一方获得全胜、宝玉一方大败而告终，女人一联手，天下无敌！鸳鸯说得好："任他宝皇帝、宝天王，我也不嫁！"宝玉原以为既然他恋着她们，她们也必然恋着他，殊不知这条空虚之链（恋）随时可以断掉。女人已看出：男人在求她。女人一旦看出这点，就宣布了男人的死亡。女人可以不求男人，男人却要求女人，这样以来，岂不是任她捏拿？

佛经中讲百魔之中，魔女为大。当初试探佛陀的是魔女，后来救了佛陀、给了他一碗乳糜的是牧女。大家读佛陀成道的经历，难道连这个春秋笔法都没看出来吗？死于女，生于女，这就是佛陀的成佛故事想说的。难道这其中没有深意、寓意，而仅仅是巧合？那是不可能的。这两点你再把它和佛陀当初当太子时因睹宫女睡姿而离家出走结合起来看，就知道这三点足以说明问题了。你再翻翻《地藏经》，就知道佛母的力量有多大。

儒家讲中庸，道家讲阴柔，释家讲因果，三家都讲同一个"阴性"的力量。读《金刚经》时你不要读错了，以为人可以修成金刚，那是不可能的。请听我说：若有金刚身，出自金刚母。

既然有个金刚母，《坛经偈》为什么又说"本来无一物"？是的，金刚母就是那个"无"。惠能说"本来无一物"，而是说"本来有个东西"，那个东西就叫"无。""无中有一物"简称"无一物"，"本来无一物"是"本来只有'无'这一物"的意思。我这个说法综合了老子说的"无"与佛陀说的"空"，仅供参考。《红楼梦》中那块石头，本来就是女娲造了又丢弃的。石头到红尘一遭，是在找妈。他在追问：你既然造了我，为什么又抛弃我？难道男人的命，就是补女人的天？不够补就生，够了就扔。《圣经》说男生女，佛经、道经、中国远古传说都说女生男，到底谁生谁？《红楼梦》中看似女胜过了男，其实未必，她们也全都知道，贾宝玉是拯救者。别笑他多情，别笑他无能。他的多情是用心，他的无能是不伤害。宝玉是佛。

林黛玉这个人，不是小心眼，而是不自信。她一个有爹没妈的人，好不容易找了个相爱的男人，她又不相信他，岂不是自己找死？她也知道贾宝玉能救她，但她竟然认为自己得救不得救都可以，长期无助的生活让她"无所谓"了。林黛玉看似认真，其实处处无所谓，是个大马哈。她和妙玉一样看似高不可攀，其实谁都可以把她折去。在她争的时候，其实在放弃。林黛玉死于自弃。

我是"拥林派"，既然"拥"她，别连她是怎么死的都不知道。她既已死，我"拥"她何益？我非骸骨迷恋者。拥尸在怀，自己也是白骨。

情禅就是白骨禅。宝玉这个大众情人，搞得一地白骨。白骨地上有朵花，这就是林黛玉。帮助宝玉打扫一地白骨、同时毫不留情把花扫走的人是薛宝钗。贾宝玉是情场垃圾制造者，他需要有人帮他清场。薛宝钗来了，好大一场雪。她来雪就来。宝钗让人清爽，我是"拥薛派"。所拥者雪也。

《红楼梦》讲多了要打架，我们再来讲讲《坛经》，殊不知里面全是真刀真枪，也是一片佛门杀场，看来不杀不成佛啊。

见人杀人，见佛杀佛，什么也看不见就捅自己。这样肯定是不行的，你可以选择走。离开。离开那个地方，就会离开那些事情。离开那些人，就可以跳出火坑。阴魂不散是很可怕，比阴魂不散更可怕的是阴魂散了，散进了人的身。上身就是魔，附体就是鬼。要想鬼上身容易，热闹的地方你凑过去就行了。

　　惠能真丈夫也！他能在是非之地全身而退，不是常人。任他热闹非凡，我自冷眼笑看。五祖的东禅寺，门人有一千多人，俗众不可胜数。五祖的衣钵谁都想要，听说半夜三更给了惠能，也不知道这和尚是抢、是偷、是诈、是骗弄到手的，总之没人愿意接受这个事实。五祖不把衣钵传给寺内人，却给了一个外路人，那就是给了那一千人一人一个耳光，一共一千个耳光，这谁还受得了。《坛经》上关于五祖弘忍的记载就到他传衣钵给惠能后就没了，我们可以想像得到，那一千人不会放过他。后来有人追杀惠能，这几起公案连着书，想来当然。

　　我是"拥神秀派"。神秀不是小心眼，不是嫉妒，不是没涵养容不下惠能，不是不服惠能，不是不接受弘忍的安排，这也不是，那也不是，那有人说他派人追杀惠能干什么？他在维护正法，神秀是护法者。我再说透点，他做的一切都是弘忍默许的，甚至暗中策划的。神秀护教，有功无过。我再说透点，假追杀，真护教，做给大家看的，不这样做过不了关。至于有的人浑水摸鱼想捞一把，也难避免。

　　弘忍为了佛教的弘扬，善能忍耐，所以他叫"弘忍"，你听他的名字就知道他要干的事业。他让神秀去神气、去作秀；又传给惠能智慧与能力。这叫一法双传，心佛无二。顿渐法门，不分彼此。

　　《坛经偈》讲至此，以《红楼梦》中怡红公子入住大观园的即事诗作小结："却喜侍儿知试茗，扫将新雪及时烹。"

　　有人要求讲细点，那我就把这首《坛经偈》一句一句讲给大家听。四句讲成四段，题目也要讲一段，加起来作五段讲。前"启"后"结"，共七节文字重审这段公案。写文章要有文法，学佛要有佛法。自创的不叫法，人人通用、人人适用、人人合用的才叫法。公理不一定公道，但他毕竟是公理。公理都是霸道的，他可不跟你讲什么公道不公道。得这个理，得这个法，不是佛爷也是爷。但我又奉劝座中君子勿得理不饶人，做人当学惠能，要善于撇开了了走啊！

《坛经偈》怎么启？启酒瓶用开瓶器，没有开瓶器用牙也能开，有的老酒客绝了，不管什么酒，手一拍一掀，瓶就开了，真是叫绝。但喝酒的时候不要和会喝酒的人在一起喝，他会喝你不会喝，喝酒成了学习、比拼，那还有什么意思？这个酒坛子应该这么启：自己摸索，其酒必香。要读《坛经》，先读《坛经偈》。要读《坛经偈》，要先知道作者。《坛经偈》实有两首，一为神秀所作，一为惠能所作；两首都是《坛经偈》，两首是一首，是一个不可分割的整体，你必须把两首都读、都认可，合起来读、合起来参，才有所得，千万不可褒惠能而贬神秀，那样就会有分别心，就失去本义了。"一法双传"可以确保传承，"心佛无二"是指顿惭无异。两首互参、互换、互补、互得，才知是一话两说，是自己推翻自己，为的是推演出一个唯一答案来。没有先前之"误"，哪有后来之"正"？没有设问，哪有回答？最妙的是惠能与神秀这哥俩都完全照着老和尚设想的意思走，让他们作，他们就一前一后作了。如此看来，《坛经偈》的真正作者非神秀、非惠能，是弘忍。《坛经偈》是弘忍作的。别的人讲《坛经》，都以惠能为中心开讲，褒惠能、贬神秀；只有我讲《坛经》是以弘忍为中心开讲，把惠能神秀一视同仁。这才是佛传真意、禅宗正道也。我这么一启，你就知道《坛经》这瓶酒该怎么喝了。

《坛经偈》题目怎么讲？《坛经偈》本来应叫《般若偈》，这是弘忍老和尚亲自命名的，来看《坛经》中的交代："祖一日唤诸门人总来：'吾向汝说：世人生死事大，汝等终日只求福田，不求出离生死苦海。自性若迷，福何可救？汝等各去，自看智慧，取自本心般若之性，各作一偈，来呈吾看。'"五祖弘忍指出：人一天到晚只知道求福是不行的。福虽可贵，福救不了人。多少人，因得福而反害其身，因此关键在于要有智慧。所谓智慧，不是谋福的手腕，而是种福的良田。做人就要做种福的良田，甘愿在自己这块良田里，人人来种福得福，这才算是有福。这种"田中智慧"是先天智慧，是自性不失的善道种子，佛家把这个在自家的本性中藏着的智慧叫般若，是慧命双修。弘忍让大家通过作一首偈子来交上自己人生的这份作业，所以把偈子统一命名为"般若偈"，可译为"智慧诗"。

弘忍还诱惑众人说："若悟大意，付汝衣法，为第六代祖。"老头子准备好糖果，看哪个小孩答对了就给糖吃。从这个题目看，弘忍在钓鱼，钓大鱼。连他自己也忍不住兴奋地说："火急速去，不得迟滞！思量即不中用，见性之人言下须见。若如此者，轮刀上阵亦得见之。"意思是说：你们快去作来给我看，别磨磨叽叽的，能作就作，不能作多想也不中用。我一定要找到这个见性之人，如果真有这个人，我就是轮刀上阵也要见到他。显然，弘忍在表明自己已经豁出去了，志在必得。形势逼人啊，再不传法，法将断绝。法依人存，不传不显。佛法是宝藏，识宝者得之。这是一场传法大会，这是一场佛法大考，出的题目是一个字：心。也可以说是两个字：找心。四个字：心在哪里。五个字：我是谁的心？这又是一桩无头公案，飞来题目让人抓狂，谁敢接招呢？题目讲毕讲正文。

神秀《般若偈》第一句："身是菩提树。"惠能《般若偈》翻作："菩提本无树。"谁说得对？都对。谁说得好？都好。神秀说"身是菩提树"，好在哪里？当初佛陀在菩提树下证道成佛，人与树合一，与天地万物合一，因此说"身是菩提树"，这完全吻合佛陀本义。佛陀是在菩提树下成佛的，神秀说"身是菩提树"，有与佛陀一起作佛的意味，这是担当，我不作佛谁作佛？又有"你是佛陀我是树"，即"为佛陀站岗"、"保护佛陀"的意思，这是护佛、护教，是佛教护法说的话，僧人有护持三宝之心，他本身也就是三宝了。神秀是大护法，于此可见。这句偈子说得好，其心可知。弘忍评神秀这首偈子说："只到门外，未入门内。"这句评语看似否定，其实是肯定，弘忍是在说：你已经摸到门了！其实就是说：你有门了！这当然是肯定。有门就好。至于"门内"、"门外"也是个说法，你在门外往里看，里面是门内；你从门内往外看，外面又是更大的门内了。因此并不存在内外的问题，只有角度不同而已。佛门广大，哪分门内门外！弘忍肯定神秀摸到了门，其实就是赞许他已经得到了佛法。问题是：既然有了神秀，为什么还要有惠能？"既生瑜，何生亮？"一时瑜亮，人谓双璧。钗黛同行，人谓燕双飞。神秀惠能，人谓佛法双传双解。外人以为他们在"掐"，其实他们"和"着呢。个中感受，如鱼饮水，冷暖自知。惠能说："菩提本无树"，这句好在哪里？好比佛陀睹明星而成道，道成星没，哪里还有什么星？他就是星。他在那棵菩提树下证道后，难道从此以后就天天举着一棵树走路？那是多余的。正所谓：缘来性起，缘满性空。当你明白一切都是昙花一现，昙花就是永恒的花。原来没有什么菩提树，你所遇见的菩提树本来就是你自己。另一世界之你，时时刻刻在关照你，提醒你，当你身在此世不堪困扰，他会为你吹来一缕清风；当你已经成为清风，他就隐去。见树是见性，当如是解菩提。得性即无树，此为惠能大师法语"菩提本无树"之妙谛也。

《红楼梦》里的贾宝玉一旦知道自己就是那块顽石，他就不再是那块顽石了，也就不再有"因见众石俱得补天，独自己无材不堪入选"之叹了。菩提本无树，大荒本无石。不但如此，亦无补天之女娲，亦无天崩地裂，你在地动山摇之时，当有定性。佛菩萨普度众生，他的渡船来时你莫以为风平浪静就像游西湖，其实是波涛汹涌过大海。你无定性，船来了你也不敢上。今天我作了两句诗："虽因小节偶失路，每临大事胆气豪。"是为自己打气，也是为大家打气的意思。为什么学佛？就是要认清自己的德性，遇事扛得住。虽不夸口，真不怕事。为什么不怕事？因为不惹事。那干什么？干自己该干的事。什么是该干的事？不一定是积德行善，放生施财，斋僧礼佛，大做法事，做好本职工作就是做了场大法事，善待家人就是斋僧礼佛，不害人就是放生，不贪财就是施财，不装善人就是行善，不居德就是积德，总之正常就好。贾宝玉先前在园子里关闷了，疯疯癫癫，也闹不上天，后来安静了，这才明白自己身在福中不知福。再后来他又迷了，以为可以享一万年的福，谁知园子里的人很快烟消云散，他又受不了那"空"。一番沉淀，终于明白这一切是注定会发生的。人处毁坏的世界之中，肉身怎能不坏？是随他去，还是坚定信念，得到那真身，进入那永恒？"永恒"你看不见，毁灭你看得见。殊不知就在不停的毁灭中，才能洞见真性。原来阻碍修行的不是外物，而是自己。舍不得吧，到时会有人来尽情夺去。不如舍了一千，挣上一万。世上哪有这种好买卖？那就是认识自己这座无尽宝藏啊！菩提本无树，我身本无藏。当我祖诚此心，便可见如来。

神秀《般若偈》第二句："心如明镜台。"这句好。明镜是透明的，明镜台也是透明的，心如明镜台，你登台一望，红尘滚滚透明如水晶。你用智慧的双眼洞穿这一切，以透明穿过透明，恰如老子所云"以无有入于无间"，就这样在分裂中合一，在短暂中永恒。《大乘起信论》中把众生的心比喻为明镜。大家照同一块镜子，放心；大家都是镜子，真心；大家互相作镜子，省心；大家捧出一个人当镜子，这就叫明心见性了。见人如见己，对我佛如对我身。神秀说"心如明镜台"，完全是《大乘起信论》真意，这句话说得好，不经意间展示了他非凡的佛学修为。"身是菩提树，心如明镜台"，身心都在佛里面，身是庄严身，心是不妄心，玲珑庄严，以佛性见佛面，确是佛子真修，没人能说不好。弘忍评曰："汝作此偈，未见本性。"这句话话中有话，看似在"否"，其实在"赞"。其实弘忍是在说"汝未作此偈时，已见本性"，亦可解作"汝作过了此偈，自然见本性"。总之，神秀的"本性"在弘忍手上捏拿着呢，因这首偈子而或明或暗，最终归于暗。自明曰暗。偈子是弘忍让神秀作的，起心在他，标准当然也在他，好不好无非一句话，他这个评委原是策划人，也是颁奖人、主持人，他把一切都包圆了。先前我已说了，弘忍让大家作偈子呈上来，是在钓鱼执法，无论你呈上来的是什么都会一棍子打死。这是老和尚的禅法，考场之中就要上刑场，端的是厉害。作为

弘忍的侍者与大弟子，神秀深知弘忍传法之心，他并非不想要，但
这和尚极其本分，是个老实和尚。他对老头耍的这个把戏当然清楚，
但他作弟子的也只能说"好"，并且勇敢地说"让我来"，替众人
先挨一刀，这是何等气魄，这是佛的担当精神啊。他明明知道师父
玩的是把戏，也认认真真陪这老头玩，感情深啊。师父没让作，他
不敢作；师父让作，他就作。明知道会被否，他也要实打实作出来，
证明自己真心真意听师父的话。此事实难，换了别人不会像神秀一
样把假戏当真。哄老头开心，其心孝慈。所以，大家读神秀这首偈子，
不可轻视，没人有资格轻视他。大家如果从学佛境界、修行次第上
解此偈，也是执迷不悟。你不要看内容，要看到作这首偈子的人确
实很诚心，确实很听话，是照直写的，没有滑头，没有私心，因此
没有花样，朴朴素素，献给大家。他的直是他的诚，他的浅是他的真。
这才是最重要的，这才算是读懂了神秀的偈子。至于他的内容，并
未偏离佛学正道，你可以说他不妙，但不可以说他不对。神秀的名
字像个佛门才子，其实他一点儿也不才子，没那浮浪心性，是个笨
拙的老实人，不是老实人也成不了佛啊。相比之下，惠能的跳跃心
性显出来了，怪不得弘忍见他第一面就说他"野"。菩提老祖收拾
不了孙悟空，五祖弘忍也收拾不了惠能。有的人喜欢跳，做老头的
只能让他跳，这正是老头的乐趣所在。你可以把一只猴子一棍子打死，
你能把他的猴性一棍子打死吗？你说身灭性也灭，不对，应是性起
身就起，那只猴子在烈焰滚滚的炉子里活过来，马上就打出八卦炉，
大闹天宫去了。惠能也把禅门闹了个天翻地覆。我把惠能比作谁呢？
一比比作大闹天宫的孙悟空，二比比作推倒山门的鲁智深，三比比

作盗甲的时迁。他这是在盗甲啊。师父本来要传给大师兄的法宝，他冷不防盗了去。大师兄说："心如明镜台"，他就说："明镜亦非台。"这句翻得好，谁愿意踩在一块玻璃上走路呢？台子要结实才能走路啊，明晃晃的一座台子谁敢上？在这里，惠能也露了一手。世俗辩论，只能同类作比，不能"串"了，比如你不能用语文辩数学，不能用科学标准来评论一首诗的好坏；但佛门无禁忌，为了追求真理，佛门辩论是可以"串"的，辩经可以把经抛开，问佛可以灭佛，可以玩过界，可以把虚当作不虚，把论当作非论，把比喻当作事实。神秀说"心如明镜台"，本来是比喻，惠能把他当作不是比喻，而是事实，这从佛门辩论的规矩来看是允许的，因此惠能的胆识与学识双双赢得普遍赞誉，皆道是佛力相助，才有这般智慧。从常理来看，明镜确实不可以作台子，因此一旦回到世俗世界，是惠能赢了。神秀的佛学一下子被悬在空中，不能上，不能下，卡在那里。惠能是个"不在三界内、跳出五行中"的角儿，他会越界，神秀却不能，因此神秀奈何不了他。但惠能再厉害也要平地踏一步，才能往空翻。他也需要弘忍与神秀，才能做出自己。没有神秀作基础，他也翻不出这一句。换个角度讲，其实他是帮神秀把话说圆了，说来说去还是神秀的意思。因此说到底，两句是一句，谁也没有赢，谁也没有输。这场佛学辩论杀气腾腾，绞的清，翻的妙，惠能借势凌空翻走固然神通，最让人佩服的是惠能飞走后神秀岿然不动！二人斗法未分高下。一巧一拙，一智一愚，果然是双璧双骄，一双绝杀！究竟花落谁家，且看下回分解。辩论已过半，高潮即将到来，弘忍这个主持人也快坐不住了吧。

　　神秀《般若偈》第三句："时时勤拂拭"，这句佛法深。佛法在哪里？佛法只在流转中。你去过西藏、青海、甘肃、四川吗？藏人的转经轮你见过没有？没见过转经轮你也听说过"轮回"这个词。必须要不停地转转转，世界才会进入新的天地，此道即"太极"。佛经所谓"法轮常转，佛法不空"就是这个道理。再说简单点，毛主席说"生命在于运动"，并且打比方说："流水不腐，户枢不蠹。"人是活人，水是活水，活人喝活水，活动活动，就什么都活了。神秀说"时时勤拂拭"，说得很好。好在哪里？第一，为我们展示了生生不息的生机；第二，为我们展示了"好好学习、天天向上"的勤劳品质；第三，向我们展示了他愿意以身作则、敢于担当的精神。有弘忍才有神秀，有神秀才有惠能。这师徒三人把大家都耍了，他们联手演的这出戏直到今天还在上演。什么叫传法？必然有个说话人，一会儿说黑话，一会儿说白话，一会儿是白脸，一会儿是黑脸。《水浒传》里面宋江一面大骂李逵，一面放李逵，大家还看不出来吗？李逵没宋江纵容，他能在战场上不分军民百姓一路轮起大斧"排过去"？宋江既然让他尽了杀性，最后宋江要他陪着死，且是先死，你说他李逵能不先死、能不陪着死吗？放纵人必是为了操纵人，只怕放虎容易擒虎难。神秀说"时时勤拂拭"，这句话得谦虚，说得本分，说得小心翼翼，这是侍候宝贝的人说的话。一个花瓶你天天

擦，不插花也是朵花。一朵花你扔在地上，就不是花了。《红楼梦》
里的大魔头贾宝玉扔过多少朵花，恐怕所有的红学家加在一起都数
不过来。不要说金钏晴雯，就连黛玉宝钗都被他扔到地上去了。说
什么补天，原来他是补地，生怕地狱不满，就把他的女人扔下去了。
贾宝玉"专门在女人身上用心"，可谓"时时勤拂拭"了。勤快人
必是狠心人，今日之拂拭，就是明日之弃捐啊。当初他见宝钗青春
靓丽，便生绮想。那一日他们在一起，"忽见宝玉笑问道：'宝姐姐，
我瞧瞧你的红麝串子。'可巧宝钗左腕上笼着一串，见宝玉问他，
少不得褪了下来。宝钗生得肌肤丰泽，容易褪不下来。宝玉在旁看
着雪白一段酥臂，不觉动了羡慕之心，暗暗想到：'这个膀子要长
在林妹妹身上，或者还得摸一摸，偏生长在他身上。'正是恨没福
得摸，忽然想起'金玉'一事来，再看宝钗形容，只见脸若银盆，
眼似水杏，唇不点而红，眉不画而翠，比林黛玉另具一种妩媚风流。"
（《红楼梦》第二十八回《蒋玉涵情赠茜香罗　薛宝钗羞笼红麝串》）
后来宝钗这个膀子，还是让宝玉得了福，但之后呢？同样的这一个
又香又白的"雪白一段酥臂"，到后来宝玉正眼也不瞧。宝钗又能
怎样呢？也只能"坐在宝玉身边，怔怔的坐着"。（《红楼梦》第
百十八回《记微嫌舅兄欺弱女　惊谜语妻妾谏痴人》）我今日讲起
这段"酥臂公案"，是打比说"时时勤拂拭"的最后必然就是"再
也不拂拭"，因为凡事有尽头，任何东西也禁不起拂个没完没了。"时
时勤拂拭"还是应该有个度。贾宝玉对于女人的酥臂，是"时时勤
拂拭"的，最终拂无所拂、拭无所拭，勤用心者莫不如此！要说神
秀的这句偈子作的好，恐怕就在这层意思上，断非只是要人"勤拂

拂"到皮烂血出、骨肉淋漓，此节须知。当拂则拂，此为神秀上人"时时勤拂拭"之妙谛也；不当拂拂之也无益，此为神秀上人"时时勤拂拭"之话外音也。我用《红楼梦》讲《坛经》，也是不小心拂了一下琴弦。情禅难参，禅情难解。有时拂那么一下，或可警觉一下，要说一个"醒"字则万难，留待他日。神秀这个惭悟法门，不是不悟，而是不忙悟，忙忙慌慌地悟个什么？所谓的悟焉知不是迷？小悟小迷，大悟大迷，神秀之渐悟，实为冷眼细看，这是会家的门道，不是外行话。惠能明白神秀的意思，于是接着说："本来无一物"，意思是说你拂空气去！你把空气"时时勤拂拭"，他还是空气。你把镜子擦亮可以，你把空气擦亮可以吗？那就请试试看。空不可拂，心不可拂，空心人无法再空，因为他已被空虚撑满。极度饥饿就会满肚子都是气，极度空虚出手就是好文章，因为他期待有人看。创世之法，不必以讹传讹；传法之事，尽属以空传空。非惠能不能懂神秀，非神秀不能成就惠能。空虚中交谈，你想像出一朵花。黑暗中接力，似乎路不再遥远。《坛经》是部打架的经，在常人看来，里面记载了神秀与惠能的战争，判出了渐悟与顿悟的差别，这种说法很流行，是历代研究禅宗的主流，也是禅宗内部修行的凭据，我不好说不对，但除此外还有其他话。下面我根据弘忍原意，略说渐悟与顿悟。第一层，顿悟要以渐悟为基础，"千里之行，始于足下。"最后一步是"到了"，前面的九十九步难道不算吗？第二层，顿悟是对渐悟的忘怀。你走你的路，不要想先前看过的风景、经过的人家，才会到达目的地。猪八戒老想着高老庄，孙悟空老想着花果山，沙和尚老想着通天河，白龙马老想着汪洋大海，就连唐僧也老想着东土大唐，没能放下，这是他们遭难的自身原因。见了佛，才知道岂有来路？岂有退路？路上岂有人家？路途何曾遥远？第三层，顿悟就是渐悟。悟就是悟，不悟只能不悟。一悟无区别，如果还分出道道来，只能说明你还没悟。不可比，不可较，没有递进，没有转折，没有过渡，他说来就来了，一来就要命，不来你也没命，不如让他来，命给他，人还给我。要知命我不同，我才有命。顿悟不是悟出了花开花谢，而是悟出了眼前哪有什么花，是我眼睛花。《坛经》实为佛经版《庄子》，他告诉我们忘了就是悟了。庄子死了老婆鼓盆而歌，他是在庆祝自己死了老婆吗？当然不是，他是在庆幸自己这么爱老婆的一个人居然有能耐把她忘了。爱是忘却，恋必成魔，想必庄子的老婆泉下有知也当微笑了。惠能"盗宝"得法后，被人追杀到死，他认了、忘了、宽恕了，这才是得道的高僧，有为的和尚。哪有什么顿渐法门，你要是看得起自己，就不妨"时时勤拂拭"，到了你明白"本来无一物"那天，就会停下这一切，另寻开心。顿渐无别，神秀就是惠能。如果这句话都不敢说，学禅就白学了。弘忍他当师父的难道喜欢看到自己的徒弟打架吗？没这事。如果你知老头用心良苦，就知佛法本是一体双用。好比一个硬币的两面，你把硬币抛起来，它两面都飞舞。硬币的两面不能重样，因此我们如果说人有两条命、或说人有两重性，也无不可，但最重要的是要知道谁在抛这个命运的硬币，我们为谁而活。

神秀《般若偈》第四句："勿使惹尘埃。"这个"惹"字用得好，人的烦恼也好，祸也好，都是惹出来的。也许你会说："我不去招惹他，他也会来招惹我。""是福不是祸，是祸躲不过。"我说这些说法统统都是乱弹琴，说这些话的人肯定昏了头，正在挖坑把自己活埋。听他语气，不是怕祸，而是幸灾乐祸；不是怕人，而是准备去害人。看似有理，其实着了魔，为自己的惹事惹祸开脱找借口。人要自己洗，胜过被人冲。洁身自好不是做给别人看，是自己舒服。怎样才能洁身自好？"勿使惹尘埃。"尘埃满身难久坐，清风之中自在身。神秀这句偈子，说出来就有徐徐清风，果然是"时时勤拂拭"，念想所至，心有感应。人不动，风就动。人若动，风就小。《庄子·逍遥游》把修道比作乘风，故行禅不如坐禅，坐禅不如卧禅，卧禅不如忘禅。渴了饮，饥了食，这是最高境界。林黛玉之所以在贾宝玉眼中如此可爱，是因为她"从不说混账话"，虽然还不是个明白人，但肯定是个直心肠人。她要小性，她生气了要骂人，受冤枉了要说出来、也常挖苦人，她觉得痛苦就要流泪，要哭就要哭出声来，要作《桃花诗》，要作《葬花吟》，这些都是她的直露处，也是她真诚处、可爱处，难怪贾宝玉就稀罕她。贾宝玉是众人的宝，她是贾宝玉的宝。她的《葬花吟》是这样哭的："天尽头，何处有香丘？未若锦囊收艳骨，一抔净土掩风流。质本洁来还洁去，强于污淖陷渠沟。"

（《红楼梦》第二十七回《滴翠亭杨妃戏彩蝶　埋香冢飞燕泣残红》）她可真是神秀的信徒，"时时勤拂拭，勿使惹尘埃。"是个彻底的洁身自好者，宁愿把花葬了，也不愿花被污毁。一朵鲜花是花，一朵污花是不是花？好家好庭是人，沦落风尘是不是人？世上到底有没有风尘三侠？《红楼梦》里的一对风尘侠侣柳湘莲与尤三姐为何最终没成？为何只有贾宝玉这个"醒醒人"才懂林黛玉这个干净人？这些问题你问我我问谁？葬不完的花，是因为花又发、花又开，难道她觉得这污地就是净土，她偏要在这红尘中绽放？若说污地就是净土，那么佛菩萨普度众生岂不是多此一举？那就无需拯救了，大家照常过日子。但总有人直面人生，认识到不足，想上进，不愿沉沦，为此他首先就得面对自己的罪性。自己这一关过不了，到哪里都一样。林黛玉葬的不是花，她是想挖个坑把自己埋了。当初神秀作了偈子，自己想到："自是我迷，宿业障重"，因此"坐卧不安，直到五更"。若无原罪，人是完人。也许人需要这个"业"，借此明白自己不可能是神。既然如此，还有何话说？做不了上帝，做人也白搭。反正都是死，反正都是罪，反正都是苦，反正都是累。且慢，路并没有堵死。神人之间，你可以做佛。佛不是上帝，也不需要是上帝。佛是觉悟的人。人一觉悟，天地震动。原初的创造被激活了，生命呈现宁静之态，又不可抑制地呈献不羁之美。自由创造世界，和谐创造生命。佛学是和谐学，佛门是和谐门。禅宗里狂僧谈狂禅，你莫学，要学你就学那扫地僧，菜头饭头。侍者不好当，行者不可留，要做你就做个叫化僧，庙里干粗活。惠能不在庙里干八个月的粗活，哪有细活、好活给他干？惠能的活干大了，日后一花开五叶，全因三更得一禅。惠能将神秀的偈语"勿使惹尘埃"翻作"何处惹尘埃"。何义？这是自问其心：心何不净？何处惹尘？有问题的地方就是拯救的地方，人直接面对自己身上最大的问题，一切问题可以自行解决。学佛是启动自救方案，习禅是自悟。惹火者自己是火，因此一点就着。身既清净，无火可惹。外火无有，内火也不起，任它自生自灭。从无事自燃到无火自灭，这是学佛人看得见的福报，可以解决现实困扰，好比夏天的凉席、冬天的火炉，正适合。不是不要那火，而是要控制那火。尘埃让他起，尘埃让他落，尘埃落尽，还是一个干净人。人要有这样的信念，才不枉读了一部《六祖坛经》，才算不辜负弘忍、神秀、惠能这禅宗三巨头为你我设下的这场"局"。他们要我们觉悟，为此他们打比又演戏，做了坏人做好人，无非是把世人各态先行演义出来，要叫我们看见自己的作为与自己的心思意念不过如此，果然如此，然后方悔、方觉、方忏、方行。弘忍、神秀、惠能，我看是三佛化身，三菩萨指引，不能何以能让人悟？世人如死因，黑洞洞的牢房没人愿去开。把钥匙扔给你，你也不愿去，因为你自诩是光明人，不愿做黑暗事。只有那来自人生黑牢地狱最深处、说那"地狱不空、誓不成佛"的人，才会从一处黑进入另一处黑，从一间黑摸到另一间黑。他并非万能，并非不怕，但他愿意尝试"无可救药的人去救另一个无可救药的人"，他认为这就是幸福，是人生的盼望。如果你没有这点慈悲心，我劝你还是把《坛经》扔了。

　　"菩提本无树，明镜亦非台。本来无一物，何处惹尘埃？"

　　这是首好诗。我看见有个人合十向我走来。他的脸上无悲无喜，又似悲似喜。你不要认为我说的是宝玉，他的身上没有披着大红猩猩毡的斗篷。他一身白衣，一如红尘。

坛经十段品

坛经第一品　行由品

此品乃自述也。

　　时，大师至宝林。韶州韦刺史与官僚入山，请师出，入城中大梵寺讲堂，为众开缘说法。师升座次。刺史官僚三十余人、儒宗学士三十余人、僧尼道俗一千余人，同时作礼，愿闻法要。

　　《坛经》者，中国创造也！《坛经》开头这一段，把惠能讲经说法时的排场交代得清清楚楚，果然是个佛爷！大家冷眼读佛经，先要把那个排场搞清楚，才会明白佛教为什么叫教，佛门为什么叫门。虽称空门，并不是说没门，而是说特别大、特别高，就像如来佛的五个手指头无边无际，任你怎么翻筋斗也翻不过去，因为你根本看不见他。什么叫空门？空门是大得看不见边的门，你以为空，其实他实实地把你架住了。这么大的门必然有这么大的排场，排场起来了，这件事才兴起来了。光杆司令不叫司令，没排场的佛教能叫佛教吗？如果有人以为佛教很清静很空，那肯定是上当受骗了，佛教最喜欢热闹，你看它的庙越大越好，它的法事越做越大，和尚的派头也越来越大，这是很有趣的。我说了这么多，是在说惠能有排场，我是在褒他还是在贬他？请君自断。

　　《坛经》开头的这段话很重要，我提醒大家千万要看清，千万不要看走眼。这种体例，这种书的排场，完全是佛经样式，是经书专用，不是公案也不是语录，不是闲文也不是闲书，他在办大事，他就是佛经。称经即宝，这就是惠能被我称"惠能佛"的原因。我给惠能封的官可不小，有史以来他第一次被人称作惠能佛，相信他的心里在说"真我知音也"。

　　惠能是佛，《坛经》是佛经。《坛经》开头这段文字，完全比照《金刚经》，只不过把佛陀换成了惠能，把祇树给孤独园换成了大梵寺，把来听讲的印度善男善女换成中国的善男善女，如此而已，如此而已！

大师告众曰："善知识：菩提自性，本来清净。但用此心，直了成佛。善知识，且听惠能行由得法事意。"

这段经，惠能佛为大众讲佛法，一来就劈头盖脸说了一个偈子，开示佛法最紧要处，可见此佛慈悲，绝对不会把宝贝藏着掖着。他就是个圣诞老人，专门给我们送礼物来了，他也不要你的回报，满载而来、空手回去是他最大的乐趣。至于你想不想要，识不识宝，看各人的造化吧！造化好的一来就信，一来就要；没造化的当面错过，悔之晚矣！只能等第二年下大雪了。这首偈子，先前我已讲过，在此就不重复了。

　　惠能严父，本贯范阳。左降流于岭南，作新州百姓。此身不幸，父又早亡，老母孤遗，移来南海，艰辛贫乏，于市卖柴。时有一客买柴，使令送至客店。客收去，惠能得钱，却出门外，见一客诵经。惠能一闻经语，心即开悟。遂问："客诵何经？"客曰："《金刚经》。"复问："从何所来，持此经典？"客云："我从蕲州黄梅县东禅寺来。其寺是五祖忍大师在彼主化，门人一千有余，我到彼中礼拜，听受此经。大师常劝僧俗：但持《金刚经》，即自见性，直了成佛。"惠能闻说，宿昔有缘，乃蒙一客取银十两与惠能，令充老母衣粮，教便往黄梅，参礼五祖。

　　从这段开始，惠能佛自报家门，自述身世。惠能佛说他苦啊，意思是告诉我们：不苦不成佛，哪有随随便便就做佛爷的道理！佛爷是那么好当的吗？人家找你要东要西，你给得出来吗？要想满身都是宝贝，就得满身都是智慧。吕洞宾点石成金，惠能佛一句话能救万人。他说他苦啊，是在提醒我们别忘本，勿失自性。人怎样才能悟？悟从苦中来。惠能佛说他有三苦，丧父、打柴又别母。他真心真意参礼五祖，前往名山，拜求佛法，是为自己，也是为众生寻找一条出路。惠能佛发这个愿好啊，知道苦就要变。若不颠覆红尘，就要被红尘掩埋。此理君需知。

　　惠能安置母毕，即便辞违。不经三十余日，便至黄梅，礼拜五祖。祖问曰："汝何方人，欲求何物？"惠能对曰："弟子是岭南新州百姓。远来礼师，惟求作佛，不求余物。"祖言："汝是岭南人，又是獦獠，若为堪作佛？"惠能曰："人虽有南北，佛性本无南北。獦獠身与和尚不同，佛性有何差别？"五祖更欲与语，且见徒众总在左右，乃令随众作务。惠能曰："惠能启和尚，弟子自心常生智慧，不离自性，即是福田。未审和尚教作何务？"祖云："这獦獠，根性大利！汝更勿言，著槽厂去。"惠能退至后院。有一行者，差惠能破柴、踏碓。经八月余。

这段经文好玩得很，记录了弘忍佛与惠能佛三段对话。经是惠能佛自己说的，我们相信他所引述弘忍佛的话，视为原话。一个佛的原话尚且不得了，两个佛在一起面对面说话，此二佛之原话甚可宝也。这三段话的前两段是五祖问六祖答，第三段是六祖问五祖答，看来他在作反攻了，渐入佳境。第一段，五祖问：哪来的？想干吗？六祖答：我是广东人，来拜师，想成佛。讲到这里，再补充说明一下：唐朝的广东可不是汉朝的广东，汉朝的广东是刚开发的南越国，唐朝的广东是繁华地方。当时的广州已经是中国乃至世界的大都市。惠能佛说他从广东来，隐含了一个意思：我可是见过世面的。他这句话一出口，马上被五祖打压。且看他们的第二段对话：五祖问，你这个野人，凭什么想要成佛？五祖这根棒子意在打掉六祖的妄心。六祖虽然并没有炫耀，但他应该倒空了来见师父。面对五祖的棒喝，他还要辩理，自以为高明，说人分南北，佛性不分南北，野人也能成佛。这话看似有道理，其实态度不对，还没放下，还没倒空，因此五祖让他干活去，没想到这野人反问起老师来，竟然说弟子心中经常生出智慧来，不知道师父想让我干吗？这话实在说的无理，弟子教训起师父来，自称有智慧，意思是不要老师也可以。这句话把五祖惹毛了，马上就说，别说了！马棚里干活去！五祖这个老头有点逗，他称六祖为"獦獠"，意思是猴子、野人，现在他把这个猴子牵过去跟马做伴，看来是想让他作弼马瘟了。以上三段对白，是惠能佛的追忆，充满了忏悔，充满了对恩师的礼赞，他从灵魂深处爆发革命，无情解剖自己。当初他和大家一样，是个自以为是的糊涂人，若非真佛指引，哪能自现真身？佛是怎样炼成的？请君自答。

祖一日忽见惠能，曰："吾思汝之见可用，恐有恶人害汝，遂不与汝言，汝知之否？"惠能曰："弟子亦知师意，不敢行至堂前，令人不觉。"祖一日唤诸门人总来："吾向汝说：世人生死事大。汝等终日只求福田，不求出离生死苦海。自性若迷，福何可救？汝等各去，自看智慧，取自本心般若之性，各作一偈，来呈吾看。若悟大意，付汝衣法，为第六代祖。火急速去，不得迟滞。思量即不中用，见性之人，言下须见。若如此者，轮刀上阵，亦得见之。"

　　这段经文讲五祖对六祖的叮嘱，是传法前的提醒，非常重要。五祖在陈说厉害了，生怕这小伙子不知轻重，毛毛糙糙就上，害了一地的人。五祖既然提醒六祖，显然是在发出信号，要传法给他。如果不想传法，提醒他干吗？因此我们要知道，如果有人提醒我们什么，或者警告我们，必有事情发生。其实，不是必有事情发生，而是已经发生。五祖对六祖说：我看你可用，只怕有人要害你，所以有的话不跟你讲，你知道吗？六祖说：知道。大家想一想，他是真知道还是假知道？《红楼梦》里面林黛玉的《问菊》诗最后两句是："休言举世无谈者，解语何妨话片时"。这两句诗用到此处正适合。五祖与六祖，知音也。但即使是知音，没到时候话也不能说！贾宝玉和林黛玉的事没成，都怪这个宝二爷走漏了风声，乱表白，错表白，积极忙忙就表白，把原该对黛玉说的话说给了袭人听，他以为她们是一致的，谁知她们是死敌！弄得满天下都知道不该知道的事，事情自然成不了。而他们两个还自为事情做得密，岂不是自己害了自己？"黛玉不时遣雪雁来探消息，这边事务尽知，自己心中暗叹。幸喜众人都知宝玉原有些呆气，自幼是他二人亲密，如今紫鹃之戏语亦是常情，宝玉之病亦非罕事，因不疑到别事去。"（《红楼梦》第五十七回《慧紫鹃情辞试莽玉　慈姨妈爱语慰痴颦》）众人看似不疑，其实疑大了，所有人都在防他们，算计他们，你说这种事情可怕不可怕？做人千万不要自我感觉良好，否则暗地里被人卖了怎么死的都不知道。可不是吗，林黛玉死的时候，贾宝玉那儿正在敲锣打鼓结婚。你说惨不惨？该不该？贾宝玉对此无能为力，先前只会咬牙切齿发誓说："我只愿这会子立刻我死了，把心迸出来你们瞧见了，然后连皮带骨一概都化成一股灰。灰还有形迹，不如再化一股烟。烟还可凝聚，人还看见，须得一阵大乱风吹的四面八方都登时散了，这才好！"（《红楼梦》第五十七回《慧紫鹃情辞试莽玉　慈姨妈爱语慰痴颦》）贾宝玉说这些没有用，一语成谶，他把自己咒死了，果然成烟成灰，宝二爷也只能做宝二爷，不可能是宝二佛。贾家就出不了佛爷，也出不了道爷，贾敬不行，贾母不行，王熙凤也不行，贾宝玉也不能摆脱"家族诅咒"，虽然不做衣冠禽兽，但也成不了佛。在宝、黛、钗三角大战中，最后的赢家是薛宝钗。正所谓：让他们闹去，最后还得我来收场。平时不必显山露水，关键时候才能让山转水转，这才是真人。薛宝钗凭什么笑到最后？说来简单，她胆大心细，藏得住事。都说宝钗城府深，我说宝钗城府浅。如果她不在众人面前暴露自己也喜欢贾宝玉，那就更妙了。火中取栗谁不会？你先在手里藏一个栗子，火堆面前晃一下，缩回来把手摊开，不就是火中取栗吗？这不是魔术，这是应有的心计。难道你还真的把肉手往火里烤！那不成烤肉串了吗？五祖心狠手辣，正是架了一盆火，要把众人挨个烤，看谁识得破。五祖故意让大家都来作偈子，不作也是死，一作就是错，老和尚的禅法就是厉害啊。

众得处分，退而递相谓曰："我等众人，不须澄心用意作偈，将呈和尚，有何所益？神秀上座，现为教授师，必是他得。我辈谩作偈颂，枉用心力。"诸人闻语，总皆息心，咸言："我等已后，依止秀师，何须作偈？"神秀思惟："诸人不呈偈者，为我与他为教授师。我须作偈，将呈和尚。若不呈偈，和尚如何知我心中见解深浅？我呈偈意，求法即善，觅祖即恶，却同凡心夺其圣位奚别？若不呈偈，终不得法，大难大难！"

　　这段经文讲五祖的那帮傻徒弟果然被五祖的话震住了，谁也不敢作偈子。还算他们有自知之明，不强求，不妄作，也算是不容易了，没有辜负五祖平日的教诲。能就能，不能就不能，修行要老实，不能为了冒尖自己把脑袋削尖了往上爬。这样一来，小和尚推大和尚，小师弟请出大师兄，最后把皮球踢到了神秀这里。神秀本是上座，是教授师，是五祖公开的接班人。现在五祖让大家作偈子，摆明了就是让神秀"秀"一下，走走模特步，闪到T台前。谁想这个佛爷居然怯场了，临到登台七想八想，化妆没到位，没了往日风采，这也是惠能给闹的，他迫使五祖把预备好的事情提前了，杀的众人措手不及。俗话说得好："一山不容二虎"，到底花落谁家，很快就见分晓。告诉大家一个秘密，五祖手中的花不只一朵，如果你想要，他也会给你。所以神秀的担心是不必要的，惠能的野心也是不必要的。野心莫野，担心莫担，请放下，空手才能接过那朵花。再告诉大家一个秘密，五祖门下，个个都是六祖。你是我是他是，大家是。大家都成佛，这才是学佛本意。

五祖堂前，有步廊三间，拟请供奉卢珍画《楞伽经》变相及五祖血脉图，流传供养。神秀作偈成已，数度欲呈，行至堂前，心中恍惚，遍身汗流，拟呈不得。前后经四日，一十三度，呈偈不得。秀乃思惟："不如向廊下书著，从他和尚看见，忽若道好，即出礼拜，云是秀作。若道不堪，枉向山中数年，受人礼拜，更修何道。"是夜三更，不使人知，自执灯，书偈于南廊壁间，呈心所见。偈曰："身是菩提树，心如明镜台，时时勤拂拭，勿使惹尘埃。"秀书偈了，便却归房，人总不知。秀复思惟："五祖明日，见偈欢喜，即我与法有缘；若言不堪，自是我迷，宿业障重，不合得法。"圣意难测。房中思想，坐卧不安，直至五更。

这段经文空间辽阔，把事情放大了。前面的经文都是伏笔，从本处经文开始，真山真水显露出来了。本处经文告诉我们：五祖传法的背景是宫廷斗争，关系到大唐帝国的命运，怪不得传法活动进行得这样紧张，这样隐秘，这样惊心动魄！五祖是武则天供养的上师，神秀是武则天内定的国师，因此这个传法活动本身就是钦定的。原计划，弘忍传衣钵给神秀，贯彻武则天的旨意，以显示武周王朝佛运昌盛，国运亦昌盛。弘忍把衣钵"私传"给惠能，违反了武则天的意思。我们在本段经文中看到一个宫廷画师卢珍的身影。我们要这样读，卢珍的背后是武则天。卢珍在庙中画画，或隐或显地有监督传法活动的意味。卢珍所画的内容，当然也是武则天锁定的。之所以要画《楞伽经》变相，用意明显，是要抬举神秀的地位，因为神秀正是海内最著名的传承并研究《楞伽经》的权威专家，《楞伽经》是以神秀为代表的禅宗北宗主要经典。卢珍之所以还要画《五祖血脉图》，用意更明显，是为了彰显神秀佛的正统地位。所谓"五祖"，指禅宗五代祖师：初祖达摩、二祖慧可、三祖僧璨、四祖道信、五祖弘忍，这"五祖"都是起烘托作用，"六祖神秀"呼之欲出。这样搞得神秀担子就很重了，压力之下作了一个不算有多神气的"秀"。看来作秀也不能强求啊。强迫作秀这是双重作秀，作秀成了生锈，怪不得就连神秀佛也"神"不起来、"秀"不下去。

祖已知神秀入门未得，不见自性。天明，祖唤卢供奉来，向南廊壁间绘画图相，忽见其偈。报言，供奉却不用画，劳尔远来。经云："凡所有相，皆是虚妄。"但留此偈，与人诵持。依此偈修，免堕恶道。依此偈修，有大利益。令门人炷香礼敬，尽诵此偈，即得见性。门人诵偈，皆叹善哉。祖三更唤秀入堂，问曰：偈是汝作否？秀言：实是秀作，不敢妄求祖位。望和尚慈悲，看弟子有少智慧否？祖曰：汝作此偈，未见本性，只到门外，未入门内。如此见解，觅无上菩提，了不可得。无上菩提，须得言下识自本心，见自本性。不生不灭，于一切时中，念念自见。万法无滞，一真一切真。万境自如如，如如之心，即是真实。若如是见，即是无上菩提之自性也。汝且去一两日思惟，更作一偈，将来吾看。汝偈若入得门，付汝衣法。神秀作礼而出。又经数日，作偈不成，心中恍惚，神思不安，犹如梦中，行坐不乐。

这段经文讲弘忍安抚神秀，一边打骂一边传法。老和尚这是做给大家看，可谓用心良苦。神秀听了弘忍的一番话，知道这就是传法。一开始弘忍佛读了神秀的偈子，假装不满意，故意让他再作一首偈子来看。大家不要被这件事迷惑了，这是和尚的禅法。请看弘忍佛说："汝偈若入得门，付汝衣法。"此处表明他正在传法，因为他先前的话中已经暗许神秀已经"入门"。听了师父这句似是而非、模棱两可、歪打正着、正话反说的话，神秀非常激动。《坛经》此处记载："神秀作礼而去。"既然是"作礼"而去，说明他懂了、接受了、欢喜了。以至接下来的这几天恍恍惚惚、如痴如醉，这，就是佛经上说的"法喜"，因得法而心生欢喜。我们在为弘忍、神秀二佛感到庆幸与欢喜的同时，不要忘了最欢喜的人是惠能佛，因为关于这场传法是他讲述出来的，可见他与二师同喜同乐。一佛欢喜一佛忧，这不叫佛法。万佛同喜，这才是佛。

　　复两日，有一童子于碓坊过，唱诵其偈。惠能一闻，便知此偈未见本性，虽未蒙教授，早识大意。遂问童子曰：诵者何偈？童子曰：尔这獦獠不知。大师言，世人生死事大，欲得传付衣法，令门人作偈来看。若悟大意，即付衣法，为第六祖。神秀上座，于南廊壁上，书无相偈。大师令人皆诵，依此偈修，免堕恶道。依此偈修，有大利益。惠能曰：我亦要诵此，结来生缘。上人，我此踏碓，八个余月，未曾行到堂前。望上人引至偈前礼拜。童子引至偈前礼拜。惠能曰：惠能不识字，请上人为读。时有江州别驾，姓张，名日用，便高声读。惠能闻已，遂言：亦有一偈，望别驾为书。别驾言：汝亦作偈，其事希有！惠能向别驾言：欲学无上菩提，不得轻于初学。下下人有上上智，上上人有没意智。若轻人，即有无量无边罪。别驾言：汝但诵偈，吾为汝书。汝若得法，先须度吾，勿忘此言。惠能偈曰：菩提本无树，明镜亦非台，本来无一物，何处惹尘埃。书此偈已，徒众总惊，无不嗟讶，各相谓言：奇哉！不得以貌取人。何得多时使他肉身菩萨。祖见众人惊怪，恐人损害，遂将鞋擦了偈。曰：亦未见性。众以为然。

　　这段经文的首尾两个词是本段"文眼"。第一个词是"唱诵"，讲惠能在作坊干活的时候，听见一个小和尚又唱又跳地从他面前走过，嘴巴里唱诵的正是神秀作的那首偈子。既然叫"唱诵"，可见其喜悦；既然小和尚能"唱诵"，说明大和尚、老和尚也能"唱诵"，因为小和尚的"唱诵"，必然是别人教给他的，由此可见，神秀作的这首偈子，已经传遍了全寺，带来了一片欢腾。因这首偈子作得高明，大家视之为"无相偈"，意思是最上乘的佛法。小和尚的"唱诵"感染了惠能，其实正是弘忍、神秀二师使之闻之。这才有了接下来的惠能偈。中间又穿插了一个叫张日用的官员帮惠能把偈子写在墙上这一插曲，《坛经》书此节，意在说明惠能已经驾驭了"随缘作法"的佛法，能够根据需要随时驱使环境为他服务，可见已入化境，怪不得他敢说"本来无一物"了。本段经文最后有个词最耐人寻味，那就是弘忍见了惠能写在墙上的偈子，当时就作了一个行为艺术，那就是脱下鞋子把墙上的字擦了。这个"擦了"说明什么呢？说明墙上的不是字，是小孩胡闹的涂鸦，老头看见了，因此你涂我也涂，最后脚丫板最有发言权。用手写上去的，最后用脚来擦掉，这也是挺有意思的一件事情。弘忍忍住心中的巨大惊喜，故意说"亦未见性"，哄得众人以为然，显然这是对传法人的保护。

次日，祖潜至碓坊，见能腰石舂米，语曰：求道之人，为法忘躯，当如是乎？乃问曰：米熟也未？惠能曰：米熟久矣，犹欠筛也。祖以杖击碓三下而去。惠能即会祖意，三鼓入室。祖以袈裟遮围，不令人见。为说《金刚经》，至"应无所住而生其心"，惠能言下大悟，一切万法，不离自性。遂启祖言：何期自性，本自清净；何期自性，本不生灭；何期自性，本自具足；何期自性，本无动摇；何期自性，能生万法。祖知悟本性，谓惠能曰：不识本心，学法无益。若识自本心，见自本性，即名丈夫、天人师、佛。三更受法，人尽不知，便传顿教，及衣钵。云：汝为第六代祖，善自护念，广度有情，流布将来，无令断绝。听吾偈曰：有情来下种，因地果还生。无情亦无种，无性亦无生。

　　这段经文讲弘忍佛顺顺溜溜、稳稳当当、痛痛快快、彻彻底底、完完全全地把佛法传给了惠能佛。这是第二次传法，这才结了"三更鼓"这段历史上最著名的禅宗公案。所谓"三更受法，人尽不知"是老和尚的障眼法，说不定当时神秀就在旁边。弘忍佛所传者何？《坛经》中惠能佛自述云："便传顿教及衣钵"，指当时弘忍佛传了两样给他，一个是顿悟法门，一个是祖师爷的衣钵。这个衣钵谁不知道是个宝物啊，引出了以后的腥风血雨，大家都在夺这个衣钵，以为一旦拥有了就会怎么怎么样，殊不知这也是障眼法。这个障眼法，正是惠能佛从弘忍佛那里得到的"衣钵"。如果没有这个"衣钵"，杀戮更大。争物不争法，这样就把大家的注意力给转移了，保存了佛法。

　　这些道理今天我不讲出来没人知道，从唐朝到现在，大家闷了一千六百年，如今我要大家知道传法的艰难，传法者的苦心，传法之初的智慧，传法之后的险局。正是不险不传。《坛经》中惠能佛多次开示说并无衣钵，得法就是得衣钵，难道一定要有一件金光灿烂的袈裟才叫做"衣"吗？难道一定要一个要饭的盆才能叫"钵"吗？佛法被称为佛法，那可不是世上的宝贝。世上的宝贝可以愉悦世上的人，但它救不了世上的人。佛法之所以能救人，正因为它是非宝之宝、宝上之宝啊！衣钵、舍利子这些玩意都是佛门障眼法，如果当真，那就执著于相了。《红楼梦》里惜春作画，她说："我何曾有这些画器？不过随手写字的笔画画罢了。"（《红楼梦》第四十二回《蘅芜君兰言解疑癖　潇湘子雅谑补余香》）以上说的传法方法，下面说传法内容。五祖传六祖云："汝为第六代祖，善自护持，广度有情，流布将来，无令断绝。听吾偈曰：有情来下种，因地果还生。无情亦无种，无性亦无生。"这段话出现了两次"有情"，足见五祖在指示：传法的内容是存其性而觉其情。何谓佛法？是谓"觉有情"。觉悟有情众生，这是佛菩萨的工作，也是一切佛法、禅法的主要内容。因此上，我说佛法最是多情。一般来说，多情才能觉有情，无情必会灭有情。佛之度为灭度，禅之法为觉悟，"灭""觉"之间，你就成佛了。

祖复曰：昔达摩大师，初来此土，人未之信。故传此衣，以为信体，代代相承。法则以心传心，皆令自悟自解。自古佛佛惟传本体，师师密付本心。衣为争端，止汝勿传。若传此衣，命如悬丝。汝须速去，恐人害汝。惠能启曰：向甚处去？祖云：逢怀则止，遇会则藏。惠能三更领得衣钵。云：能本是南中人。素不知此山路，如何出得江口？五祖言：汝不须忧，吾自送汝。祖相送直至九江驿。祖令上船，五祖把橹自摇。惠能言：请和尚坐，弟子合摇橹。祖云：合是吾渡汝。惠能曰：迷时师度，悟了自度；度名虽一，用处不同。惠能生在边方，语音不正，蒙师付法，今已得悟，只合自性自度。祖云：如是如是。以后佛法，由汝大行，汝去三年，吾方逝世。汝今好去，努力向南，不宜速说，佛法难起。

　　这段经文讲师徒送别，从此分离，相送在九江驿。五祖亲自为六祖摇船，足见师徒情深。五祖说：我来度你。六祖说：我当自度。这，就是佛法中的佛法：自己拯救自己，一切他力终需自力来成就。

惠能辞违祖已，发足南行。两月中间，至大庾岭（五祖归，数日不上堂，众疑。诣问曰：和尚少病少恼否？曰：病即无，衣法已南矣。问：谁人传授？曰：能者得之。众知焉。）逐后数百人来，欲夺衣钵。一僧俗姓陈，名惠明。先是四品将军，性行粗糙，极意参寻，为众人先，趁及惠能。惠能掷下衣钵于石上，曰：此衣表信，可力争耶。能隐草莽中，惠明至，提掇不动。乃唤云：行者！行者！我为法来，不为衣来。惠能遂出，盘坐石上。惠明作礼云：望行者为我说法。惠能云：汝既为法而来，可屏息诸缘，勿生一念，吾为汝说。明良久，惠能云：不思善，不思恶，正与么时，那个是明上座本来面目。惠明言下大悟。复问云：上来密语密意外，还更有密意否？惠能云：与汝说者，即非密也。汝若返照，密在汝边。明曰：惠明虽在黄梅，实未省自己面目。今蒙指示，如人饮水，冷暖自知。今行者即惠明师也。惠能曰：汝若如是，吾与汝同师黄梅。善自护持。明又问：惠明今后向甚处去？惠能曰：逢袁则止，遇蒙则居。明礼辞。明回至岭下，谓趁众曰：向陟崔嵬，竟无踪迹，当别道寻之。趁众咸以为然。惠明后改道明，避师上字。

这段经文讲六祖为惠明说法，重点是不要有善恶的观念。修佛虽然是修善，但绝不是除恶。越除恶越多，因为就在你除恶的过程中恶壮大了。它等着你去除它，它鼓励你去除它。不除不长大，一除就开花。故云：真修无善恶，只是知冷暖。这是惠明所悟。

　　惠能后至曹溪，又被恶人寻逐。乃于四会，避难猎人队中，凡经一十五载，时与猎人随宜说法。猎人常令守网。每见生命，尽放之。每至饭时，以菜寄煮肉锅。或问，则对曰：但吃肉边菜。一日思惟，时当弘法，不可终遁。遂出至广州法性寺。值印宗法师讲涅槃经。时有风吹幡动。一僧曰风动，一僧曰幡动，议论不已。惠能进曰：不是风动，不是幡动，仁者心动。一众骇然。印宗延至上席，征诘奥义。见惠能言简理当，不由文字。宗云：行者定非常人。久闻黄梅衣法南来，莫是行者否？惠能曰：不敢。宗于是作礼，告请传来衣钵，出示大众。宗复问曰：黄梅付嘱，如何指授？惠能曰：指授即无，惟论见性，不论禅定解脱。宗曰：何不论禅定解脱？能曰：为是二法，不是佛法。佛法是不二之法。宗又问：如何是佛法不二之法？惠能曰：法师讲涅槃经，明佛性是佛法不二之法。如高贵德王菩萨白佛言：犯四重禁，作五逆罪，及一阐提等，当断善根佛性否？佛言：善根有二，一者常，二者无常，佛性非常非无常，是故不断，名为不二。一者善，二者不善，佛性非善非不善，是名不二。蕴之与界，凡夫见二，智者了达，其性无二。无二之性，即是佛性。印宗闻说，欢喜合掌，言某甲讲经，犹如瓦砾；仁者论义，犹如真金。于是为惠能剃发，愿事为师。惠能遂于菩提树下，开东山法门。惠能于东山得法，辛苦受尽，命似悬丝。今日得与使君官僚僧尼道俗同此一会，莫非累劫之缘，亦是过去生中，供养诸佛，同种善根，方始得闻如上顿教，得法之因。教是先圣所传，不是惠能自智。愿闻先圣教者，各令净心。闻了，各自除疑，如先代圣人无别。一众闻法欢喜，作礼而退。

　　这段经文讲六祖到曹溪以后的弘法活动，这没什么可说的。当初三佛所立，即是今日万众所闻。欢喜过后"作礼而退"是不行的，必须要真刀真枪干一场，迈步上前去，"噼里啪啦"打出红尘，这才是好汉。

坛经第二品　般若品

此品讲彼岸智慧也。

　　次日，韦使君请益。师升座，告大众曰：总净心念摩诃般若波罗蜜多。复云：善知识，菩提般若之智，世人本自有之，只缘心迷，不能自悟，须假大善知识，示导见性。当知愚人智人，佛性本无差别。只缘迷悟不同，所以有愚有智。吾今为说摩诃般若波罗蜜法，使汝等各得智慧。志心谛听，吾为汝说。善知识，世人终日口念般若，不识自性般若，犹如说食不饱。口但说空，万劫不得见性，终无有益。善知识，摩诃般若波罗蜜是梵语，此言大智慧到彼岸。此须心行，不在口念。口念心不行，如幻如化，如露如电。口念心行，则心口相应。本性是佛，离性无别佛。何名摩诃？摩诃是大。心量广大，犹如虚空，无有边畔，亦无方圆大小，亦非青黄赤白，亦无上下长短，亦无瞋无喜，无是无非，无善无恶，无有头尾。诸佛刹土，尽同虚空。世人妙性本空，无有一法可得。自性真空，亦复如是。

　　这段经文讲六祖升座，讲经说法，内容是讲《心经》，强调大众要净心念摩诃般若波罗蜜多。六祖解释说："摩诃般若波罗蜜是梵语，此言大智慧到彼岸。"关于《心经》，我已在专书中细讲，在这里就不重复劳动了，请君参看。我再跟大家透露一下，六祖讲《心经》，也是应大众之请讲大众所好，也就是说投其所好，满足一下大众心理，因为《心经》在《坛经》诞生之前是当时流行最广的佛经，几乎所有的法师讲佛法，都会被要求讲《心经》。六祖讲《心经》以愉悦大众，这也是禅法。同时我们也要知道，不同宗派不同法师，各有专攻，六祖并非讲《心经》的权威，大家读《心经》还是以玄奘法师所讲为是。特此说明。我们读《坛经》怎么读？此经虽以《金刚经》和《心经》为底子，但已经超脱，不落窠臼，自有创树。此中关系我已在《坛经偈》中细讲，明者自明。到底何谓彼岸智慧？请读林黛玉《桃花行》："桃花帘外东风软，桃花帘内晨妆懒。帘外桃花帘内人，人与桃花隔不远。东风有意揭帘栊，花欲窥人帘不卷。桃花帘外开仍旧，帘中人比桃花瘦。花解怜人花也愁，隔帘消息风吹透。"（《红楼梦》第七十回《林黛玉重建桃花社　史湘云偶填柳絮词》）

善知识，莫闻吾说空，便即著空。第一莫著空，若空心静坐，即著无记空。善知识，世界虚空，能含万物色像。日月星宿、山河大地、泉源溪涧、草木丛林、恶人善人、恶法善法、天堂地狱、一切大海、须弥诸山，总在空中。世人性空，亦复如是。善知识，自性能含万法是大。万法在诸人性中，若见一切人恶之与善，尽皆不取不舍，亦不染著，心如虚空，名之为大。故曰摩诃。善知识，迷人口说，智者心行。又有迷人，空心静坐，百无所思，自称为大。此一辈人，不可与语，为邪见故。善知识，心量广大，遍周法界。用即了了分明，应用便知一切。一切即一，一即一切，去来自由，心体无滞，即是般若。善知识，一切般若智，皆从自性而生，不从外入，莫错用意，名为真性自用。一真一切真。心量大事，不行小道。口莫终日说空，心中不修此行。恰似凡人自称国王，终不可得，非吾弟子。

　　这段经文是六祖讲了《心经》讲《金刚经》。这段经文有两处重点：一处是六祖批评有一种"迷人"（迷失的人），一天到晚啥也不干，啥也不想，很能静坐，自以为就是佛了。这种人，六祖直斥为"不可与语"，通通是"邪见"。六祖的意思很明显，千万别傻坐、呆坐、闷坐，坐一百年不过是变成一堆尘土，岂能叫坐禅？要坐就要坐大的，菩提树下坐，你才知道"菩提本无树"的妙用。这些道道是当初两个六祖在五祖门下痛加参悟出来的，他们两个各自在三更鼓的时候奔走在夜路中，那时候有的人还坐在椅子上跷二郎腿。六祖怒斥的另一种人是整天说空门话，心里不干空门事，自己不懂装懂，往自己脸上贴金，就像百姓自称国王。皇帝的新装虽然可怕，到底还是个国王，百姓的新装最可怕，会掉脑袋。以上两种人，六祖拈出来示众。这个六祖脾气大，听他说法，披铠甲也没用。六祖门下无妄人，但凡有一点虚，即非禅门也。脚踏实地，不是修行也是修行。

善知识，何名般若？般若者，唐言智慧也。一切处所，一切时中，念念不愚，常行智慧，即是般若行。一念愚即般若绝；一念智即般若生。世人愚迷，不见般若。口说般若，心中常愚，常自言我修般若，念念说空，不识真空。般若无形相，智慧心即是。若作如是解，即名般若智。何名波罗蜜？此是西国语，唐言到彼岸。解义离生灭。著境生灭起，如水有波浪，即名为此岸。离境无生灭，如水常通流，即名为彼岸，故号波罗蜜。善知识，迷人口念，当念之时，有妄有非。念念若行，是名真性。悟此法者，是般若法；修此行者，是般若行；不修即凡，一念修行，自身等佛。善知识，凡夫即佛。烦恼即菩提。前念迷，即凡夫；后念悟，即佛。前念著境，即烦恼；后念离境，即菩提。善知识，摩诃般若波罗蜜最尊最上最第一，无住无往亦无来，三世诸佛从中出。当用大智慧，打破五蕴烦恼尘劳。如此修行，定成佛道。变三毒为戒定慧。

　　这段经文通讲《金刚经》，总结出一句话："凡夫即佛，烦恼即菩提。"这话很好，意思是说人人都是佛，烦恼就是智慧。为什么这么说？烦恼分两种，一种是说得出的烦恼，一种是说不出的烦恼。说得出的烦恼当然不是智慧，即使你能说出个一四七，焉知没有二五八、三六九？说得出的烦恼正是烦恼本身。最厉害的是说不出的烦恼，佛法把它叫做"无明"，如果用一个字来叫它，那就是"业"。"业"就是苦，苦谛是真谛。知苦故知业，知业故能觉。因此六祖说："烦恼即菩提。"学佛不是让你一对一解决现实问题，而是告诉你这个世界本来没有问题。从有问题的地方解，不如从没有问题的地方修。"哗"的一下，链条断了，心是干净的心，人是干净的人。因此六祖说：这样修才能成佛，变贪、瞋、痴为戒、定、慧。"三毒"再毒，毒不倒空虚，让它毒无可毒，自然就无毒了。佛门以空解毒，这招高啊，是六祖真传。

　　善知识，我此法门，从一般若生八万四千智慧。何以故？为世人有八万四千尘劳。若无尘劳，智慧常现，不离自性。悟此法者，即是无念。无忆无著，不起诳妄，用自真如性，以智慧观照，于一切法，不取不舍，即是见性成佛道。善知识，若欲入甚深法界及般若三昧者，须修般若行，持诵《金刚般若经》，即得见性。当知此经功德，无量无边。经中分明赞叹，莫能具说。此法门是最上乘。为大智人说，为上根人说。小根小智人闻，心生不信。何以故？譬如天龙下雨于阎浮提，城邑聚落，悉皆漂流，如漂枣叶。若雨大海，不增不减。若大乘人，若最上乘人，闻说《金刚经》，心开悟解，故知本性自有般若之智，自用智慧，常观照，故不假文字。譬如雨水，不从天有，元是龙能兴致，令一切众生，一切草木，有情无情，悉皆蒙润，百川众流，却入大海，合为一体。众生本性般若之智，亦复如是。善知识，小根之人，闻此顿教，犹如草木根性小者，若被大雨，悉皆自倒，不能增长。小根之人，亦复如是。元有般若之智，与大智人更无差别，因何闻法不自开悟？缘邪见障重，烦恼根深。犹如大云覆盖于日，不得风吹，日光不现。般若之智亦无大小。为一切众生，自心迷悟不同。迷心外见，修行觅佛，未悟自性，即是小根。若开悟顿教，不执外修，但于自心常起正见，烦恼尘劳，常不能染，即是见性。善知识，内外不住，去来自由，能除执心，通达无碍，能修此行，与《般若经》本无差别。

　　这段经文说龙说日，是一段讲神通、讲佛力的经文。讲佛法就得这么讲，光讲佛学佛理不顶用，神通虽不可求，但要知道此为实有。六祖怎么说龙？他先把人分三种，一曰"大智人"，二曰"上根人"，三曰"小根小智人"。六祖把人分三等，并非真的把人分三等，而是说列出个上中下，让人争上游、求上进的意思。佛菩萨视众生平等，哪有差别，特此说明。六祖说不同的人听佛法，有信有不信，好比天上的龙下了一场雨在红尘中，大雨漂城，就像草叶。这雨实在大，就像下了一个海，永不停止。六祖把佛法比作这场海一样大的雨水，是告诉我们这是场"法雨"，无需惊怖，要知道若非其大，不能成其微。龙呵一口气，什么人都一样了。在佛教概念里面，龙比天更神，龙神高过天神，龙能驭天，故称"龙天"。六祖说："譬如雨水，不从天有，元是龙能兴致。"龙是佛的化身，赞龙就是赞佛。六祖带领我们进入辽阔的生命智慧空间，若问龙在何处？龙在云水之间。六祖说日，为大云覆盖，意思是说要拨开云雾见青天，青天就是大日。那小小的红日，仅仅是大日之一轮。佛称大日如来，是说它有龙天之道德也。

　　善知识，一切修多罗及诸文字、大小二乘、十二部经，皆因人置。因智慧性，方能建立。若无世人，一切万法，本自不有。故知万法本自人兴。一切经书，因人说有。缘其人中有愚有智。愚为小人，智为大人。愚者问于智人，智者为愚人说法。愚人忽然悟解心开，即与智人无别。善知识，不悟即佛是众生。一念悟时，众生是佛。故知万法尽在自心。何不从自心中，顿见真如本性？《菩萨戒经》云：我本元自性清净，若识自心见性，皆成佛道。《净名经》云：即时豁然，还得本心。

　　这段经文突然讲起《菩萨戒经》与《净名经》来，想必六祖是为了满足各方需求，因此讲起各种经典来。本段经文讲清净之道。怎样才能清净？干净才能清净。《红楼梦》里面，柳湘莲对贾宝玉说：贾府除了门口的一对石狮子，没有一样是干净的。要做干净人，得做干净事。要做干净事，先起干净心。这个干净心，《菩萨戒经》称之为"自心"，《净名经》称之为"本心"，都不称为"我心"，为何？心不分你我，性不分善恶，道不分内外，法不分高低。能用就好，这是六祖本意。

　　善知识，我于忍和尚处，一闻言下便悟，顿见真如本性。是以将此教法流行，令学道者顿悟菩提，各自观心，自见本性。若自不悟，须觅大善知识，解最上乘法者，直示正路。是善知识，有大因缘。所谓化导，令得见性。一切善法，因善知识能发起故。三世诸佛，十二部经，在人性中本自具有。不能自悟，须求善知识，指示方见。若自悟者，不假外求。若一向执谓须他善知识望得解脱者，无有是处。何以故？自心内有知识自悟。若起邪迷，妄念颠倒，外善知识虽有教授，救不可得。若起真正般若观照，一刹那间，妄念俱灭。若识自性，一悟即至佛地。善知识，智慧观照，内外明彻，识自本心。若识本心，即本解脱。若得解脱，即是般若三昧。般若三昧，即是无念。何名无念？若见一切法，心不染著，是为无念。用即遍一切处，亦不著一切处。但净本心，使六识出六门，于六尘中无染无杂，来去自由，通用无滞，即是般若三昧，自在解脱。名无念行。若百物不思，当令念绝，即是法缚，即名边见。善知识，悟无念法者，万法尽通。悟无念法者，见诸佛境界。悟无念法者，至佛地位。

这段经文六祖抛开了前面讲过的多部佛经，作一总结。他说他是听五祖讲的，是表明他得了正法，接了正统。什么叫顿悟？是彻悟的意思，不是字面理解的"顿时醒悟"的意思。"顿时"只有一刻，那么下一刻呢？顿悟不是表示时间的快，而是表示空间的深。顿悟是慢的，禅者当知。大家来读《红楼梦》中林黛玉的《秋窗风雨夕》："不知风雨几时休，已教泪洒窗纱湿。"（《红楼梦》第四十五回《金兰契互剖金兰语　风雨夕闷制风雨词》）林黛玉这种"见风就是雨"的性格，只能让她越迷越深，是无法解脱的，六祖把这叫做"邪迷妄念颠倒"，即使有贾宝玉这种"善知识"引导她，"救不可得"。唯一的拯救之途是"一刹那间妄念俱灭，若失自性，一悟即佛地"。什么叫顿悟？顿悟就是见底。有的人说他经常"顿悟"，我看他是"顿误"。顿悟是慢的，不是快的；是紧的，不是松的；是深而空的，不是浅而满的；不是刹那之悟，有什么感觉，而是刹那之间没感觉，进入空明境地。所谓没感觉，是五蕴皆空，六祖称之曰"无念"，这是对顿悟的具体解释。不是悟出有，而是悟出无。好比灯在室中，你别去看那个亮，要看到黑暗本身在发光。

善知识，后代得吾法者，将此顿教法门，于同见同行，发愿受持，如事佛故，终身而不退者，定入圣位。然须传授，从上以来，默传分付，不得匿其正法。若不同见同行，在别法中，不得传付。损彼前人，究竟无益。恐愚人不解，谤此法门，百劫千生，断佛种性。善知识，吾有一无相颂，各须诵取。在家出家，但依此修。若不自修，惟记吾言，亦无有益。听吾颂曰：

说通及心通，如日处虚空；唯传见性法，出世破邪宗。

法即无顿渐，迷悟有迟疾；只此见性门，愚人不可悉。

说即虽万般，合理还归一；烦恼暗宅中，常须生慧日。

邪来烦恼至，正来烦恼除；邪正俱不用，清净至无余。

菩提本自性，起心即是妄；净心在妄中，但正无三障。

世人若修道，一切尽不妨；常自见己过，与道即相当。

色类自有道，各不相妨恼；离道别觅道，终身不见道。

波波度一生，到头还自懊；欲得见真道，行正即是道。

目若无道心，暗行不见道；若真修道人，不见世间过。

若见他人非，自非却是左；他非我不非，我非自有过。

但自却非心，打除烦恼破；憎爱不关心，长伸两脚卧。

欲拟化他人，自须有方便；勿令彼有疑，即是自性现。

佛法在世间，不离世间觉；离世觅菩提，恰如求兔角。

正见名出世，邪见是世间；邪正尽打却，菩提性宛然。

此颂是顿教，亦名大法船；迷闻经累劫，悟则刹那间。

师复曰：今于大梵寺说此顿教，普愿法界众生言下见性成佛。

时韦使君与官僚道俗，闻师所说，无不省悟。一时作礼，皆叹：善哉，何期岭南有佛出世！

上段经文的偈子中，六祖明确指出："法即无顿渐，迷悟有迟疾。"强调得法于五祖，并强调他同时得法于神秀，这个细节我们是不应该忽略的。可别忘了，当初神秀作了一首《无相偈》，如今六祖就作《无相颂》，其师承关系很明显。六祖总结说："传授从上以来默传分付，不得匿其正法。若不见同行，在别法中，不得传付。"六祖说了句大实话，他视神秀为"同行"、同道。要知道在整部《坛经》中，他没有说过一句神秀上人不好的话，这不仅仅是尊敬，更是传法所需。禅宗宗旨：见性成佛。见谁的性？自性。本来就有的必然是最好的，最好的必然是共享的。六祖是这么说的，他对他人也是这么做的，这种言行合一的修炼，值得我们学习。来听六祖讲经说法的人都赞叹说："善哉！何期岭南有佛出世！"其实这话说小了，他们应该说"中国有佛出世"、"世界有佛出世"才对。世上哪有什么佛，觉悟就是佛。觉悟不是悟，意思是说不是悟出来的；觉悟是忘（意思是忘怀得失，包括忘了有觉悟这回事）。六祖打柴也好，舂米也好，他就是他。当初慈母堂前，今日我佛门下，有甚差别？

坛经第三品　疑问品

此品讲答弟子问也。

次日，韦刺史为师设大会斋。斋讫，刺史请师升座，同官僚士庶，肃容再拜，问曰：弟子闻和尚说法，实不可思议。今有少疑，愿大慈悲，特为解说。师曰：有疑即问，吾当为说。韦公曰：和尚所说，可不是达摩大师宗旨乎？师曰：是。公曰：弟子闻达摩初化梁武帝，帝问云：朕一生造寺度僧，布施设斋，有何功德？达摩言：实无功德。弟子未达此理，愿和尚为说。师曰：实无功德。勿疑先圣之言。武帝心邪，不知正法，造寺度僧，布施设斋，名为求福，不可将福便为功德。功德在法身中，不在修福。师又曰：见性是功，平等是德。念念无滞，常见本性，真实妙用，名为功德。内心谦下是功，外行于礼是德。自性建立万法是功，心体离念是德。不离自性是功，应用无染是德。若觅功德法身，但依此作，是真功德。若修功德之人，心即不轻，常行普敬。心常轻人，吾我不断，即自无功。自性虚妄不实，即自无德，为吾我自大，常轻一切故。

善知识，念念无间是功，心行平直是德。自修性是功，自修身是德。

善知识，功德须自性内见，不是布施供养之所求也。是以福德与功德别，武帝不识真理，非我祖师有过。

　　这段经文"当着禽兽说畜生"，六祖在说皇帝公案。捧佛者皇帝也，灭佛者皇帝也，今日之捧就是明日之杀。有捧必有杀，捧是为了杀，所以叫捧杀。这当然不是佛门想要的效果，平平淡淡就好，平淡中自有一份真切。六祖与韦刺史研讨梁武帝与达摩这段公案，表面上是褒达摩而贬武帝，其实是各打五十大板。这层意思要听出来。梁武帝当然没有功德，达摩也没有功德。热闹里做功夫，不如冷清里参寻。后来达摩面壁，不是达摩一人面壁，而是达摩代表了梁武帝，二人一齐面壁。佛教把这叫"共忏"，儒教与基督教这叫"代祷"、"代罪"。佛门与帝门是一座门，"水位"不一样而已。有时帝门在浅水位、佛门在高水位，有时颠过来，总之是一座门。你不要以为有好几重门，只因门太高，你就怯了，最后还得进这座"窄门"。一切教都是代罪的。这个韦刺史，是帝门中人，师事六祖，六祖其实是在教化韦刺史背后的武则天。不是要她敬佛门，是要她自敬自重啊。六祖明说梁武帝，实说武则天。本段讲话是六祖通过韦刺史向武则天传话。皇帝觉悟比登天还难，因为他不需要觉悟也很享福，觉悟皇帝唯我六祖能之。

刺史又问曰：弟子常见僧俗念阿弥陀佛，愿生西方。请和尚说，得生彼否？愿为破疑。

师言：使君善听，惠能与说。世尊在舍卫城中，说西方引化，经文分明，去此不远。若论相说里数，有十万八千，即身中十恶八邪，便是说远。说远，为其下根；说近，为其上智。人有两种，法无两般。迷悟有殊，见有迟疾。迷人念佛求生于彼；悟人自净其心。所以佛言：随其心净，即佛土净。使君东方人，但心净即无罪。虽西方人，心不净亦有愆。东方人造罪，念佛求生西方；西方人造罪，念佛求生何国？凡愚不了自性，不识身中净土，愿东愿西，悟人在处一般。所以佛言：随所住处恒安乐。使君心地但无不善，西方去此不遥。若怀不善之心，念佛往生难到。今劝善知识，先除十恶，即行十万；后除八邪，乃过八千。念念见性，常行平直，到如弹指，便睹弥陀。使君但行十善，何须更愿往生。不断十恶之心，何佛即来迎请？若悟无生顿法，见西方只在刹那。不悟念佛求生，路遥如何得达？惠能与诸人移西方如刹那间，目前便见。各愿见否？众皆顶礼云：若此处见，何须更愿往生。愿和尚慈悲，便现西方，普令得见。

这段经文关系重大，不能乱说，讲的是净土宗与禅宗到底谁管用、念佛法门与修禅法门到底谁有效果的问题。禅宗是讲修禅的，净土宗是讲念佛的。净土宗认为念佛就能成佛，禅宗认为修禅不一定能悟禅。学佛、念佛、烧香拜佛与成佛毫无关系。这两种说法尖锐对立，打得你死我活，互不买账，两家庙宇各过各的日子，各摆各的摊，各守各的摊，各收各的摊，也都能过活。本处讲话，六祖迎合众人，也是褒禅宗而贬净土宗。作为禅宗发言人，他不得不这样；如果他不这样，他的人就散了，所以我们应该理解他。同时也应该知道：在六祖心中哪有什么褒贬。他都已经是"本来无一物"的人，在"目空一切"的六祖眼中，只有白茫茫一片罢了。大家依然来读《红楼梦》中的两句诗，是枕霞旧友（史湘云）所作《菊影》："珍重暗香休踏碎，凭谁醉眼认朦胧。"（《红楼梦》第三十八回《林潇湘魁夺菊花诗薛蘅芜讽和螃蟹咏》）这两句诗，请君参评参评。

师言：大众，世人自色身是城，眼耳鼻舌是门。外有五门，内有意门。心是地，性是王。王居心地上。性在王在，性去王无。性在身心存，性去身心坏。佛向性中作，莫向身外求。

自性迷即是众生，自性觉即是佛。慈悲即是观音。喜舍名为势至。能净即释迦。平直即弥陀。人我是须弥。邪心是海水。烦恼是波浪。毒害是恶龙。虚妄是鬼神。尘劳是鱼鳖。贪嗔是地狱。愚痴是畜生。善知识，常行十善，天堂便至。除人我，须弥到。去邪心，海水竭。烦恼无，波浪灭。毒害忘，鱼龙绝。自心地上觉性如来，放大光明。外照六门清净，能破六欲诸天。自性内照，三毒即除。地狱等罪，一时销灭。内外明彻，不异西方。不作此修，如何到彼？

大众闻说，了然见性，悉皆礼拜，俱叹善哉！唱言：普愿法界众生，闻者一时悟解。师言：善知识，若欲修行，在家亦得，不由在寺。在家能行，如东方人心善。在寺不修，如西方人心恶。但心清净，即是自性西方。韦公又问：在家如何修行，愿为教授。师言：吾与大众说无相颂，但依此修，常与吾同处无别。若不依此修，剃发出家，于道何益！颂曰：

心平何劳持戒？行直何用修禅？恩则孝养父母，义则上下相怜。

让则尊卑和睦，忍则众恶无喧。若能钻木出火，淤泥定生红莲。

苦口的是良药，逆耳必是忠言。改过必生智慧，护短心内非贤。

日用常行饶益，成道非由施钱。菩提只向心觅，何劳向外求玄。

听说依此修行，西方只在目前。

师复曰：善知识，总须依偈修行，见取自性，直成佛道。法不相待，众人且散。吾归曹溪，众若有疑，却来相问。时刺史、官僚，在会善男信女，各得开悟，信受奉行。

这段经文讲六祖为僧俗大众广开方便法门，讲不管出家在家，通行的办法是自我觉悟。这个办法好，出家的和尚、在家的居士有了这个办法，至少各自都要加一层官，和尚变成大和尚，居士变成大居士，这是肯定的。至于你问什么时候能成佛？佛说：慢慢修。再告诉大家一个秘密：佛门里佛不能太多了，佛多挤破门。打个比方说，一个庙里供一尊佛就行了，供三佛也行，如果一定要把五百罗汉都列出来，那就成鬼城了。佛不能太多，佛也不会自称佛。所以六祖说："自性迷即是众生，自性觉即是佛。"就是这个意思。怡红公子有两句诗写得好："黄花若解怜诗客，休负今朝挂杖头。"（《红楼梦》第三十八回《林潇湘魁夺菊花诗　薛蘅芜讽和螃蟹咏》）这也就是晏家公子（晏殊）所云"不如怜取眼前人"之意也。

坛经第四品　定慧品
此品讲习禅戒律也。

师示众云：善知识，我此法门，以定慧为本。大众勿迷，言定慧别。定慧一体，不是二。定是慧体，慧是定用。即慧之时定在慧，即定之时慧在定。若识此义，即是定慧等学。诸学道人，莫言先定发慧、先慧发定各别。作此见者，法有二相，口说善语，心中不善，空有定慧，定慧不等。若心口俱善，内外一如，定慧即等。自悟修行，不在于诤。若诤先后，即同迷人。不断胜负，却增我法，不离四相。善知识，定慧犹如何等？犹如灯光。有灯即光，无灯即暗。灯是光之体，光是灯之用。名虽有二，体本同一。此定慧法，亦复如是。师示众云：善知识，一行三昧者，于一切处行住坐卧，常行一直心是也。《净名经》云：直心是道场，直心是净土。莫心行谄曲，口但说直，口说一行三昧，不行直心。但行直心，于一切法，勿有执著。迷人著法相，执一行三昧，直言常坐不动，妄不起心，即是一行三昧。作此解者，即同无情，却是障道因缘。善知识，道须通流，何以却滞？心不住法，道即通流。心若住法，名为自缚。若言常坐不动是，只如舍利弗宴坐林中，却被维摩诘诃。善知识，又有人教坐，看心观静，不动不起，从此置功。迷人不会，便执成颠。如此者众。如是相教，故知大错。

　　这段经文有玄机，是一段暗话。当初五祖传六祖说的是暗话，如今六祖传大众，当然也是暗话。道是光明大道，走路的人却要悄悄的，不能满世界都听见了，这叫"明法暗传"。六祖在这里讲的是戒定慧，为什么只说定慧不说戒呢？因为戒在其中，满篇都是讲戒律。禅戒、禅定、禅慧，一如也，而以禅戒为准。佛门戒律，千条万条，哪一条是最大的戒律？六祖开示的时候，有一个词一连说了五遍，请找出来，这个词就是最大的戒律。那就是"直心"。

师示众云：善知识，本来正教，无有顿渐，人性自有利钝。迷人渐修，悟人顿契。自识本心，自见本性，即无差别。所以立顿渐之假名。善知识，我此法门，从上以来，先立无念为宗，无相为体，无住为本。无相者，于相而离相。无念者，于念而无念。无住者，人之本性。于世间善恶好丑，乃至冤之与亲，言语触刺欺争之时，并将为空，不思酬害。念念之中，不思前境。若前念今念后念，念念相续不断，名为系缚。于诸法上，念念不住，即无缚也。此是以无住为本。善知识，外离一切相，名为无相。能离于相，则法体清净。此是以无相为体。善知识，于诸境上，心不染，曰无念。于自念上，常离诸境，不于境上生心。若只百物不思，念尽除却，一念绝即死，别处受生，是为大错。学道者思之。若不识法意，自错犹可，更劝他人。自迷不见，又谤佛经。所以立无念为宗。善知识，云何立无念为宗？只缘口说见性迷人，于境上有念，念上便起邪见，一切尘劳妄想，从此而生。自性本无一法可得。若有所得，妄说祸福，即是尘劳邪见。故此法门立无念为宗。善知识，无者无何事？念者念何物？无者无二相，无诸尘劳之心。念者念真如本性。真如即是念之体，念即是真如之用。真如自性起念，非眼耳鼻舌能念。真如有性，所以起念。真如若无，眼耳色声，当时即坏。善知识，真如自性起念，六根虽有见闻觉知，

不染万境，而真性常自在。故经云：能善分别诸法相，于第一义
而不动。

　　这段经文讲"入禅三阶"：无念、无相、真如。六祖这一套是向神秀学的，因此他在讲话的一开头就声明："本来正教，无有顿渐"，讲他与神秀没什么两样，表明了他知识的出处，不忘本。如果六祖连这一点都做不到，他就不是六祖了。人处世上最难得的是知音，《红楼梦》里面藕官祭菂官，被宝玉看见了，又被芳官一番解说，这四对知音真可叹也。"宝玉听说了这篇呆话，独合了他的呆性，不觉又是欢喜，又是悲叹，又称奇道绝，说：'天既生这样人，又何用我这须眉浊物玷辱世界。'"（《红楼梦》第五十八回《杏子阴假凤泣虚凰　茜纱窗真情揆痴理》）我看惠能是神秀的知音。千年以来，第一次有人说这话。

坛经第五品　坐禅品

此品讲坐禅有动有静也。

师示众云：此门坐禅，元不著心，亦不著净，亦不是不动。若言著心，心原是妄。知心如幻，故无所著也。若言著净，人性本净。由妄念故，盖覆真如，但无妄想，性自清净。起心著净，却生净妄。妄无处所，著者是妄。净无形相，却立净相，言是工夫。作此见者，障自本性，却被净缚。善知识，若修不动者，但见一切人时，不见人之是非善恶过患，即是自性不动。善知识，迷人身虽不动，开口便说他人是非长短好恶，与道违背。若著心著净，即障道也。师示众云：善知识，何名坐禅？此法门中，无障无碍，外于一切善恶境界，心念不起，名为坐；内见自性不动，名为禅。善知识，何名禅定？外离相为禅，内不乱为定。外若著相，内心即乱；外若离相，心即不乱。本性自净自定。只为见境思境即乱。若见诸境心不乱者，是真定也。善知识，外离相即禅，内不乱即定。外禅内定，是为禅定。《菩萨戒经》云：我本性元自清净。善知识，于念念中，自见本性清净。自修自行，自成佛道。

这段经文是六祖惠能原样转述五祖弘忍的话,开示禅宗最重要的坐禅法门。他惠能原本是个打柴郎、舂米匠,一天到晚跑来跑去干活,哪会什么坐禅,想坐下来也没功夫啊。亏得他在五祖门下耳濡目染,见过弘忍老和尚,坐是一尊佛,走是一阵风,风风火火,卧下来睡得香。惠能传承的弘忍坐禅妙法就是有动有静,动静结合,动是静的穿插,静是动的归宿。六祖说:"不是不动",又说:"心即不乱",明显就是告诉我们坐禅就是有动有静,不是枯坐,也不是瞎走。这本来是常识,却被有的人整没了,坐禅行禅都成了比赛,发狠斗气,要一决高下,坐禅坐得腿烂,行禅行得疯癫,不是六祖原意,不是佛陀原意。要坐禅你就到雪山上去坐,雪化了你才下来。你说雪什么时候才能化呀?又犯傻了不是,你化雪就化,你若不化,冰雪满身。六祖说:"心即不乱",什么意思?人的心为什么会乱?人心乱有两种情况,心太虚会乱,心太满会乱。所以你要在虚与满之间找一个平衡点,不能太虚,也不能太满。同时要知道,最奇妙的事是不抗拒那"虚",也不排斥那"满",亦虚亦满,这就是化境,你成神仙了。六祖说:"此法门中,无障无碍,外于一切善恶境界。"就是此意。六祖说坐禅的时候不要有是非、善恶这些东西,坐在是非之地能坐禅吗?当然能,没了是非之心,就没了是非之地,坐哪里都好。因此六祖说:"内不乱即定"。内不乱指心不乱,心不乱指法不乱。做人要有章法，取巧没用，坐禅是自然的一件事，该坐下就坐下，到了那个阶段，你自然会好静、好坐禅，自己就能找个地方坐下来。没到那个时候，焚什么香？坐什么禅？我告诉大家：坐禅是结果，不是目的，不是手段，坐禅不是办法。越坐是非越多，越坐麻烦越大，越坐冤孽越深，越坐越烦躁。你说你在闹市也能坐下，这我承认，坐下来之后呢？坐下来你就成靶子了，一打一个准。君不见那些在公门里修行的人，天天坐在办公室里品茶、看花，可以叫做坐禅，坐来坐去，脑袋不翼而飞，成飞禅了。六祖说："自修自行，自成佛道。"开示我们要自我觉悟，不能陷太深。禅宗门内没有坐禅这一说，谁教你坐禅，谁就是害你，要坐你就回家坐在父母儿女身边，这才是真正的坐禅。《红楼梦》里面的三小姐探春虽然是姨娘生的，派头却比太太还大，底下人来说事，她请人家在脚踏上坐，大家说该也不该？有的朋友可能没见过脚踏，就是老式床前面的登床之具，俗称脚凳是也，南方称之为踏脚板。这可不是坐人的地方。贾家人不但让人坐在那里，还让人睡在那里，你说他是把人当人吗？今日她让人家坐脚踏，明日人家的脚就会踏在她的头上，又能怪哪个。我讲的都是家常话，佛理在其中。要说坐禅，还是六祖说得好："原不著心，亦不著净。"就是说心里要没事，也不需要沾染净地。无需观心，无需入净。自然就好，放松就好。坐禅不是走累了歇歇脚，走错了坐下来找找路，坐禅也不是原地不动，坐禅是思维瑜珈，实乃平地飞升之道，只不过有条线在那里拽着，不会放纵自己。人在独处的时候最容易放纵自己，因为没人管束。独处不惧，儒家把这叫做"慎独"，佛家把这叫做"坐禅"。我们提倡思想坐禅，不提倡身体坐禅。当然，有人要装模作样坐两下，过一把坐禅的瘾，这是人家的自由与乐趣，我们没理由反对，也不妨欣赏欣赏。

坛经第六品　忏悔品

此品乃接引众生也。

　　时，大师见广韶洎四方士庶骈集山中听法，于是升座告众曰：
来，诸善知识！此事须从自性中起。于一切时，念念自净其心，
自修其行，见自己法身，见自心佛，自度自戒，始得不假到此。
既从远来，一会于此，皆共有缘，今可各各胡跪，先为传自性五
分法身香，次授无相忏悔。众胡跪。师曰：一戒香，即自心中，
无非、无恶、无嫉妒、无贪嗔、无劫害，名戒香。二定香，即睹
诸善恶境相，自心不乱，名定香。三慧香，自心无碍，常以智慧
观照自性，不造诸恶；虽修众善，心不执著，敬上念下，矜恤孤贫，
名慧香。四解脱香，即自心无所攀缘，不思善，不思恶，自在无碍，
名解脱香。五解脱知见香，自心既无所攀缘善恶，不可沉空守寂，
即须广学多闻，识自本心，达诸佛理，和光接物，无我无人，直
至菩提，真性不易，名解脱知见香。善知识，此香各自内薰，莫
向外觅。

　　这段经文讲六祖大发慈悲，开示成佛之道，那就是忏悔，除此之外别无办法。一块石头钢硬钢硬的，怎能成佛？必须要捏出个模样，才有成佛的可能。佛经所云"粉碎虚空"，就是这个意思。当时来听六祖讲佛法的人越来越多，不但有广州、韶关这些广东人，还有四方人士。具体而言，有江西湖北二省信众，这两省是当初六祖行走过、生活的地方。六祖在湖北黄梅五祖门下得的法，得法后，五祖关爱心切，把他一路送到江西九江长江口，亲自为他摇船。摇了一会儿，六祖谢师，说自己摇。就这样，五祖渡六祖，最终六祖自渡而成佛，滔滔长江水可以见证这段公案。五祖目送六祖渡江而去，恰似当初达摩一苇渡江，梁武帝目送他远去。五祖六祖这段传法佳话，引起湖北江西两省信众巨大影响，因此后来六祖门下多有楚赣人士，且有巴蜀求道人。当然也有与粤相邻的闽桂及吴越各省人士。这段经文点出"四方士庶"四个字，又以"骈集"二字形容其多也，是为下一品《机缘品》中介绍六祖门下来自各省的有缘得法者打伏笔。六祖在山中讲道，如何接引众生？并无玄妙奥术，只是一个忏悔法门。此法真切，是佛法中的佛法，禅修中的禅修，佛引众生、众生引佛，皆从此来。忏悔是自我赦免，这样便无原罪。关于原罪，是人类天生带来的罪性，道教《太平经》称之为"负"；孟子称之为"恶"；基督教亦称之为"恶"，又称为"那蛇的引诱"；佛教称之为"业"，亦可称为"孽"、"冤孽"。诸教慈悲，要人忏悔。古希腊万神庙前立的那根柱子，是要人知罪。庙中祭司立一根柱子表示人的罪恶，见柱如见罪，来者当自警。柱有通天高，罪有通天大。如不忏悔，柱将倒塌、人将无存。后来耶稣基督代众人受罪，他所背负的十字架亦如此柱，是代罪之意也。埃及金字塔为何是三角锥形？千古以来无人能解，今日我说破：那是代表墓主埃及法老的忏悔，三角锥形是双掌合拢的意思，即人类通用的合十礼，这个造型是表示法老向神忏悔，希望：一生罪过得赦免，匍匐神恩得重生。墓中壁画皆以忏悔为主题，木乃伊是忏悔后以待重生的"新人"。当如此解，方知金字塔修造的本意。你若从太阳底下看，金字塔闪闪发光，这是法老的忏悔之泪。如此看来，同为三角锥形的珠峰也代表了人类的忏悔，怪不得藏民称珠峰为"第三神女峰"。这个称号有玄机、有故事。并非还有第一神女峰、第二神女峰，而是说此神女以天为父，以地为母，她永远居于"三"之位，以示对神明的谦卑。君若登珠峰，便知敬天地。当初佛陀在雪山修行，望此地球极顶而生悟心，创立佛教者何？无非是让人忏悔。佛教可称忏悔教，专为引导人忏悔而生。六祖是佛，他来是引人忏悔。他是如何引导人忏悔？所谓"闻香成道"是也。佛教亦称闻香教。这个"香"不是俗香，是法香，其名为"自性五分法身香"，是当日六祖所传。你若闻香，就是闻道。子曰："朝闻道，夕死可矣。"孔子也分明在说道是"闻"出来的。此香是诸教心印，香如一，道如一。待此心而成法，非待此法而为心。君若知：非我觅佛法，而是佛法觅我身，便知神佛恩大，唯忏悔可当之。

六祖说："此香各自内熏，莫向外觅。"就是这个意思。

今与汝等授无相忏悔，灭三世罪，令得三业清净。善知识，各随我语，一时道：弟子等，从前念、今念及后念，念念不被愚迷染；从前所有恶业、愚迷等罪，悉皆忏悔，愿一时销灭，永不复起。弟子等，从前念、今念及后念，念念不被骄诳染；从前所有恶业、骄诳等罪，悉皆忏悔，愿一时销灭，永不复起。弟子等，从前念、今念及后念，念念不被嫉妒染；从前所有恶业、嫉妒等罪，悉皆忏悔，愿一时销灭，永不复起。善知识，以上是为无相忏悔。云何名忏？云何名悔？忏者，忏其前愆。从前所有恶业、愚迷、骄诳、嫉妒等罪，悉皆尽忏，永不复起，是名为忏。悔者，悔其后过。从今以后，所有恶业、愚迷、骄诳、嫉妒等罪，今已觉悟，悉皆永断，更不复作，是名为悔。故称忏悔。凡夫愚迷，只知忏其前愆，不知悔其后过。以不悔故，前愆不灭，后过又生。前愆既不灭，后过复又生，何名忏悔？善知识，既忏悔已，与善知识发四弘誓愿。各须用心正听：自心众生无边誓愿度，自心烦恼无边誓愿断，自性法门无尽誓愿学，自性无上佛道誓愿成。善知识，大家岂不道众生无边誓愿度？怎么道，且不是惠能度。

这段经文讲六祖教大家作"无相忏悔"，让大家跟着他念"忏悔文"。这不是六祖干的事，是首座的工作。六祖的工作不是教大家念文、教大家仪轨。六祖不会为人剃度，他的工作是直接把人"度"了。六祖是和尚中的和尚，僧人中的僧人。他不是一般意义的苦行僧、行脚僧、云水僧、学问僧、禅僧、念经僧，而是佛僧，是云僧宝。今日六祖大人做小事，教大家念文，分明是和尚慈悲；不怕惹人厌烦，教人忏悔。人是怪物，你说他有错他就跳起来，你说他有罪他就恨你，你教他忏悔他即使跟着你"忏悔"，他也会在底下捣鬼，"忏悔"完了罪更大，一忏悔就发疯。既知如此，六祖为何要做无用功，还让大家做更惹人厌、更惹人烦、更惹人笑、更惹人骂的"发四弘愿"？这就是六祖的慈悲啊。人的劣根性他岂不知，他是"度一个算一个"。万人之中有一人得救，这也是欢喜。因此上，和尚殷勤教导，其心堪怜。

善知识，心中众生，所谓邪迷心、诳妄心、不善心、嫉妒心、恶毒心，如是等心，尽是众生，各须自性自度，是名真度。何名自性自度？即自心中邪见烦恼愚痴众生，将正见度。既有正见，使般若智打破愚痴迷妄众生，各各自度。邪来正度，迷来悟度，愚来智度，恶来善度。如是度者，名为真度。又，烦恼无边誓愿断，将自性般若智，除却虚妄思想心是也。又，法门无尽誓愿学，须自见性，常行正法，是名真学。又，无上佛道誓愿成，既常能下心，行于真正，离迷离觉，常生般若，除真除妄，即见佛性，即言下佛道成。常念修行是愿力法。

这段经文六祖专门讲愿力的作用。对于诚实人，是不用发誓发愿的；但对意志力薄弱的人来说，可以用发誓发愿来约束自己、激励自己。愿力不可思议。你为了要做成心中的一件事，会舍生忘死去做，会创造奇迹，这让人惊叹。《红楼梦》里香菱学写诗就是这样。先前她见众芳吟咏，结社桃花，何等风流，就起了艳羡之心，于是诚心诚意拜林黛玉为师，一教就学，"茶饭无心，坐卧不定"，一味苦吟。她本是个被人家骗来拐来当妾的人，在薛家的"本职工作"是作性奴使唤，谁让她学做诗的？但人皆有癖性，这也无人能阻拦。香菱学诗学得苦，苦中有乐，她是借此忘怀身世，其志堪怜。先是"笑吟吟"，再是"兴冲冲"，最后被宝钗打击说"不像"，依然"不肯丢开手"，"怔怔地"，与人说话只说诗。探春对说："菱姑娘，你闲闲罢。"她说："你错了韵了。""各自散后，香菱满心中还是想诗。至晚间对灯出了一回神，至三更以后上床卧下，两眼鳏鳏，直到五更方才朦胧睡去了。一时天亮，宝钗醒了，听了一听，他安稳睡了，心下想：'他翻腾了一夜，不知可作成了？这会子乏了，且别叫他。'正想着，只听香菱从梦中笑道：'可是有了，难道这一首还不好？'宝钗听了，又是可叹，又是可笑，连忙唤醒了他，问他：'得了什么？你这诚心都通了仙了。学不成诗，还弄出病来呢。'一面说，一面梳洗了，会同姊妹往贾母处来。原来香菱苦志学诗，精血诚聚，日间做不出，忽于梦中得了八句。"（《红楼梦》第四十八回《滥情人情误思游艺　慕雅女雅集苦吟诗》）你看，这就是愿力的作用，愿力所至，不会吟诗也会吟。因此六祖说："常令修行，是愿力法。"意思就是说，只要你肯去做，必有所遇，必有所成。关于愿力，六祖自身是最有发言权的。当初他在广东新余老家跟着老母亲过日子，天天上山砍柴换米粮，听人念《金刚经》，心生向往，立志成佛。拜辞老母，不远千里，投到五祖门下。历经万难，愿力所至，终于成就。得法后，他为躲避一些人，隐藏山中一二十年。《坛经行由品》中未曾说明六祖回广东后有没有回老家看望母亲，依人之常情看，应是回过。佛法不背常情，佛法即为世间法。《坛经》开头就申明六祖讲佛法不是因为哪座庙、不是因为哪些僧俗信众的请求而讲佛法的，而是因为韦刺史之请讲佛法，僧俗大众算是沾光。《坛经》开头这段交代意味深长，它在说"儒门中人请佛门中人讲佛法"的同时，等于暗示我们：六祖并未抛弃儒家观念，六祖是讲忠孝的。从这一点上讲，《六祖坛经》可称"忠孝坛经"，六祖禅是"忠孝禅"。这部佛经本是钦命御制，可称忠君爱国；经中讲报恩，可称孝道。《坛经》是讲报恩的，大家千万不要忘了我讲的这一条，否则就读不懂《坛经》。报谁的恩？一报父母之恩，二报佛恩，兼报师友之恩，三报国恩天恩。六祖成佛后，六祖的母亲也是佛菩萨。不是佛母，生不出佛啊！因此我们读《坛经》，不要只看见六祖惠能，要看见"此佛父母在，故有此佛生"。儒佛都讲孝，后世所云"出了家就不要父母"，这是谤佛。成佛当度父母身，舍此则不能为佛也。因父母之恩，发己身之愿，这是成佛次第。

六祖如是，你我亦当如是。愿力来自恩力，这是愿力不可思议的根本原因。目连劈山救母，六祖回乡度母，这种愿力成就的惊天伟业来自生命个体对生命母体的觉悟知恩。觉悟而不知恩，等于没觉悟。什么叫佛？佛就是觉悟的人。准确而言，什么叫佛？佛就是知恩的人。"知恩"是心知，心知心感为大。"知恩"不必"报恩"。世俗所云"报恩"不是报恩，而是报仇。一"报恩"就生出算计，刚一觉悟又生出大迷。要报心中报，要报暗中报，可以做出来，切莫说出来。你说"我要报恩"，说给谁听？你说"我在报恩"，做给谁看？你说"我已报恩"？谁会相信？报恩人是沉默的。回头说愿力。愿力虽然不可思议，同时我们也要知道，愿力不是全能。世上的事分三种：一种是不发愿就不能成，一种是发了愿就能成，还有一种是发了愿也不能成。这是因为：有的事情实有其事，有的事情有个影，有的事情是阵风。回报那阵风，何其难！要知明白事，来问明白人。堂中老母是尊佛，凡事多问行得真。大家来学六祖，为报亲恩成佛身。沉默之中一点头，灯就是这样被点燃的。一屋子的黑暗哪里去了？此身融入大光明，故云金身。

　　善知识，今发四弘愿了，更与善知识授无相三皈依戒。善知识，皈依觉，两足尊。皈依正，离欲尊。皈依净，众中尊。从今日起，称觉为师，更不皈依邪魔外道。以自性三宝常自证明。劝善知识，皈依自性三宝。佛者，觉也。法者，正也。僧者，净也。自心皈依觉，邪迷不生，少欲知足，能离财色，名两足尊。自心皈依正，念念无邪见，以无邪见故，即无人我贡高贪爱执著，名离欲尊。自心皈依净，一切尘劳爱欲境界，自性皆不染著，名众中尊。

这段经文是六祖引众忏悔、发愿毕，见火候到了，诱人入佛门，讲三皈依。这个"诱"就是颜回说孔夫子"循循然善诱人也"之意，不是引诱的意思，特此说明。学佛靠自觉，入佛门靠自愿。任何和尚要引人入佛门，必先讲"三皈依"，其实质是讲戒。要入佛门，先知戒律。干哪行就要知道哪行的规矩。都说"一入侯门深似海"，这佛门比海深。我把佛门比什么呢？我把佛门比作公门，可称宇宙公门，办的是审判众生的公事，当然办的也是普度众生的公事。都说"公门里面好修行"，因为公门是一小佛门，佛门是一大公门。不讲规矩怎做事？不要戒律害死人。六祖引众信佛，不讲别的，就讲一个戒律，这是必须的。信佛就要守戒，除外无捷径可走。你说孙悟空一个筋斗就翻到灵山了，且问他能撇下众人吗？不随众人、不跟师父，他的取经有何意义？他的救赎从何而来？因此一步一步走，才会步步生莲花。脚步乱了，莲花成碎瓣，让你坐不成莲台，闻不到莲香。何为三皈依？皈依佛、皈依法、皈依僧。皈依佛是认门，皈依法是认座位，皈依僧是认人，跟着干事。有人认为当和尚好清闲，心是清闲没错，身体不能闲，学佛就得干活去。师父最大的关照就是关照你干粗活，正如五祖之与六祖。这是三皈依。六祖讲皈依佛法僧三宝时总结为"归戒"，意即三皈依是一个戒，归三宝是归一戒。三宝是从自性中出，故称"自性三宝"；既然三宝是从自性中出，戒也是自性中出，因此六祖告诉我们要自己守戒，何需人言。自性三宝者：觉、正、净，皈依佛法僧即皈依觉（觉悟）、皈依正（正道）、旧依净（净明）。皈依之人可以称"尊"（佛），按修行次第有"两足尊"（真正用脚走路的人）、"离欲尊"（无欲真人）、"众中尊"（人中佛）。三归三尊，总旨是一戒：自戒其心，无妄就是佛。称觉为师，以戒为师。

善知识，既皈依自三宝竟，各各志心，吾与说一体三身自性佛，令汝等见三身，了然自悟自性。总随我道：于自色身皈依清净法身佛；于自色身皈依圆满报身佛；于自色身皈依千百亿化身佛。善知识，色身是舍宅，不可言归。向者三身法，在自性中，世人总有。为自心迷，不见内性。外觅三身如来，不见自身中有三身佛。汝等听说，令汝等于自身中见自性有三身佛。此三身佛，从自性生，不从外得。何名清净法身佛？世人性本清净，万法从自性生。思量一切恶事，即生恶行。思量一切善事，即生善行。如是诸法，在自性中，如天常清，日月常明，为浮云盖覆，上明下暗。忽遇风吹云散，上下俱明，万象皆现。世人性常浮游，如彼天云。善知识，智如日，慧如月，智慧常明。于外著境，被妄念浮云盖覆自性，不得明朗。若遇善知识，闻真正法，自除迷妄，内外明澈，于自性中，万法皆现。见性之人，亦复如是。此名清净法身佛。善知识，自心皈依是皈依自性，是皈依真佛。自皈依者，除却自性中不善心、嫉妒心、谄曲心、吾我心、诳妄心、轻人心、慢他心、邪见心、贡高心及一切时中不善之行。常自见己过，不说他人好恶，是自皈依。常须下心，普行恭敬，即是见性通达，更无滞碍，是自皈依。何名圆满报身？譬如一灯能除千年暗，一智能灭万年愚。莫思向前，已过不可得。常思于后，念念圆明。自见本性。

善恶虽殊，本性无二。无二之性，名为实性。于实性中，不染善恶，此名圆满报身佛。自性起一念恶，灭万劫善因；自性起一念善，得恒沙恶尽。直至无上菩提，念念自见，不失本念，名为报身。何名千百亿化身？若不思万法，性本如空。一念思量，名为变化。思量恶事，化为地狱。思念善事，化为天堂。毒害化为龙蛇。慈悲化为菩萨。智慧化为上界。愚痴化为下方。自性变化甚多，迷人不能省觉，念念起恶，常行恶道。回一念善，智慧即生。此名自性化身佛。

　　这段经文，六祖在引众作三皈依的基础上，为大家作出承诺，凡立志三皈依者，可以成佛，因此六祖为大众说"三身佛"，意思是说，这就是大家将来可以成就的佛身。六祖明白大众心理，承诺作佛不玩虚的，把众人要成的佛说得明白实在，有名有姓，让人信服。何谓三身佛？因从自性中出来，全称是"三身自性佛"，指：清净法身佛，圆满报身佛，千百亿化身佛。起了一大堆名字，其实就一个佛。佛有三名，以应三身。何谓三身？人是三世人，身是三世身。三身佛化三世人，自性圆满就是佛。既然成佛，就不再说前世今生的话，只有一个世，只有一个身。凡是说前世今生的话，都还在睡梦里。《心经》把人的身体称"色身"，六祖说："色身是舍宅，不可言归。"意思是说：人的肉体是寄居，用身体归向身体吗？身体不是身体的归宿，要得色中身，勿向色中求。

善知识，法身本具，念念自性自见，即是报身佛。从报身思量，即是化身佛。自悟自修，自性功德，是真皈依。皮肉是色身，色身是宅舍，不言皈依也。但悟自性三身，即识自性佛。吾有一无相颂，若能诵持，言下令汝积劫迷罪，一时销灭。颂曰：

迷人修福不修道，只言修福便是道。布施供养福无边，心中三恶元来造。

拟将修福欲灭罪，后世得福罪还在。但向心中除罪缘，各自性中真忏悔。

忽悟大乘真忏悔，除邪行正即无罪。学道常于自性观，即与诸佛同一类。

吾祖唯传此顿法，普愿见性同一体。若欲当来觅法身，离诸法相心中洗。

努力自见莫悠悠，后念忽绝一世休。若悟大乘得见性，虔恭合掌至心求。

师言：善知识，总须诵取，依此修行。言下见性，虽去吾千里，如常在吾边。于此言下不悟，即对面千里，何勤远来？珍重好去！一众闻法，靡不开悟，欢喜奉行。

　　这段经文是本次佛法盛会的小总结了，六祖说《无相颂》，前后讲了三个意思：一，我身即佛身，千万莫外寻，要自忏、自悔、自觉、自行。二，色空不二，内外都要打通。处世要和谐圆融，要顺生，不要逆长。三，闻法如见我面，不必常亲近。六祖暗示说：你们来这趟是多余的，害得我不得不为了满足你们多说了一些话，可能还说错了一些话。和尚我就这点道道，如果你们心中有我这个老师，就应该看得起自己。我不是教你，我是觉你。我怎样觉你？我唯有逼你。成仙、成佛、成圣都是逼出来的，你不逼迫自己，这个世界逼你更深。末了，六祖说："珍重好去！"让大家各自回家修行。暗示大众：身在公门的就要办好公家事；行商坐贾的就要做到童叟无欺，这样一来，行商坐贾也就是云水僧了；不管什么人，都要孝敬父母，这是佛法的本意。六祖话中有话，言语沉痛。如果你只是欣赏他的智慧，为他的洒脱演讲倾倒，为他的出口成章、挥手就是佛法深表钦佩，反而忘了去行忠孝佛法，也全属无用。什么叫佛法？就是忠孝二字，这是六祖所传忠孝佛法。六祖之所以叫六祖，《坛经》之所以叫《坛经》，全在于此。不讲这个，中国人不会信他。天地君亲师，尊敬师长就是孝敬父母，就是忠君报国，就是敬天地。六祖师道尊严，是在演示纲常伦理，此为大佛法也。

坛经第七品　机缘品

此品讲师徒斗法也。

　　师自黄梅得法，回至韶州曹侯村，人无知者。时有儒士刘志略，礼遇甚厚。志略有姑为尼，名无尽藏，常诵《大涅槃经》。师暂听，即知妙义，遂为解说。尼乃执卷问字。师曰：字即不识，义即请问。尼曰：字尚不识，焉能会义？师曰：诸佛妙理，非关文字。尼惊异之，遍告里中耆德云：此是有道之士，宜请供养。有魏武侯玄孙曹叔良及居民，竞来瞻礼。时，宝林古寺，自隋末兵火已废。遂于故基重建梵宇，延师居之。俄成宝坊。师住九月余日，又为恶党寻逐。师乃遁于前山。被其纵火焚草木。师隐身挨入石中得免。石今有师趺坐膝痕及衣布之纹，因名避难石。师忆五祖怀会止藏之嘱，遂行隐于二邑焉。

这段经文讲了三个小故事，经书娓娓道来，实则惊心动魄。第一个小故事讲六祖为比丘尼无尽藏开解"无字经"。第二个小故事讲信徒为六祖起庙供养。第三个小故事讲六祖继续避难，留下了"避难石"的传说。这三个小故事看似浅显，实有深意；看似零乱，实有关联。这三个小故事讲了三个"无"，综合起来，六祖是在对我们说：他一无所有。这，就是他的禅法。他说他读的是无字经书，也无庙宇，也无处藏身，这"无字"、"无庙"、"无身"是"三无"，原来六祖也是"三无人员"。话说到这里，什么意思呢？六祖告诉我们：若非赤条条来去无牵挂，哪来佛香萦满身。这是总说，下面各段经文讲六祖接引众人，师徒斗法的故事。这些段子，是中国历史上最著名的禅宗公案语录，大家要好生品味。不要光看龙争虎斗，要看六祖是如何降龙伏虎。

僧法海,韶州曲江人也。初参祖师,问曰:即心即佛,愿垂指谕。

师曰:前念不生即心,后念不灭即佛。成一切相即心,离一切相即佛。吾若具说,穷劫不尽,听吾偈曰:

即心名慧,即佛乃定。

定慧等持,意中清净。

悟此法门,由汝习性。

用本无生,双修是正。

法海言下大悟,以偈赞曰:

即心元是佛,不悟而自屈。

我知定慧因,双修离诸物。

这段经文通过交代出场秩序，表明第一个出场的法海是六祖的大弟子。《坛经》中的这个法海与《白蛇传》中的那个法海不一样，那个法海是个多事的凶僧，这个法海是个乖角。他用老师的观点向老师请教，哄得六祖十分受用，不但细讲佛法，还赐了一首偈子给法海，略似当初五祖所为。这个法海不是一般的乖，马上回了一首偈子给师父，相当机警孝顺。这段经文怎么解？这是在斗法，也是在传法。不斗不传，谁的本事大谁就是师父。要说六祖惠能，是个直心肠的愚拙之人，谈不上"智慧"（意谓不是常人所云智慧），最擅长的是勇猛精进，却又性情柔和知道礼节，真是佛前狮子，正好教化弘法。五祖独具慧眼，识得明珠。五祖识六祖，六祖识法海。法海虽然过分乖巧，让人生厌，但他既然尊敬六祖如父母，六祖当然视他为子女、悉心传授了。这就叫"传给聪明的不如传给老实的，传给能干的不如传给孝顺的"。这是佛法的传家之法。谁是佛门乖儿子，谁就是将来的佛爷。话粗理不粗，六祖调教法海诸人服服帖帖，你就知道他的手段了。顺便说一句，照传统说法，《坛经》是法海编的，他是六祖话语的记录人，是六祖的秘书、助理。他既然有这份苦劳，是当得起六祖传法的。但我劝众人莫学法海，不可太乖巧，学佛就要学六祖的愚。

僧法达，洪州人。七岁出家，常诵《法华经》。来礼祖师，头不至地。

祖诃曰：礼不投地，何如不礼。汝心中必有一物，蕴习何事耶？

曰：念《法华经》已及三千部。

祖曰：汝若念至万部，得其经意，不以为胜，则与吾偕行。汝今负此事业，都不知过。听吾偈曰：

礼本折慢幢，头奚不至地。

有我罪即生，亡功福无比。

师又曰：汝名什么？

曰：法达。

师曰：汝名法达，何曾达法？复说偈曰：

汝今名法达，勤诵未休歇。

空诵但循声，明心号菩萨。

汝今有缘故，吾今为汝说，

但信佛无言，莲华从口发。

达闻偈，悔谢曰：而今而后，当谦恭一切。弟子诵《法华经》，未解经义，心常有疑。和尚智慧广大，愿略说经中义理。

师曰：法达，法即甚达，汝心不达。经本无疑，汝心自疑。汝念此经，以何为宗？

达曰：学人根性暗钝，从来但依文诵念，岂知宗趣？

师曰：吾不识文字，汝试取经诵一遍，吾当为汝解说。

法达即高声念经，至譬喻品，师曰：止！此经元来以因缘出世为宗。纵说多种譬喻，亦无越于此。何者因缘？经云：诸佛世尊，唯以一大事因缘故，出现于世。一大事者，佛之知见也。世人外迷著相，内迷著空。若能于相离相，于空离空，即是内外不迷。若悟此法，一念心开，是为开佛知见。佛，犹觉也。分为四门：开觉知见，示觉知见，悟觉知见，入觉知见。若闻开示，便能悟入。即觉知见，本来真性而得出现。汝慎勿错解经意，见他道开示悟入，自是佛之知见，我辈无分。若作此解，乃是谤经毁佛也。彼既是佛，已具知见，何用更开？汝今当信佛知见者，只汝自心，更无别佛。盖为一切众生，自蔽光明，贪爱尘境，外缘内扰，甘受驱驰。便劳他世尊，从三昧起，种种苦口，劝令寝息，莫向外求，与佛无二。故云开佛知见。吾亦劝一切人，于自心中，常开佛之知见。世人心邪，愚迷造罪。口善心恶，贪嗔嫉妒，谄佞我慢，侵人害物，自开众生知见。若能正心，常生智慧，观照自心，止恶行善，是自开佛之知见。汝须念念开佛知见，勿开众生知见。开佛知见，即是出世；开众生知见，即是世间。汝若但劳劳执念，以为功课者，何异牦牛爱尾？

达曰：若然者，但得解义，不劳诵经耶？

师曰：经有何过，岂障汝念？只为迷悟在人，损益由己。口诵心行，即是转经；口诵心不行，即是被经转。听吾偈曰：

心迷法华转，心悟转法华。

诵经久不明，与义作仇家。

无念念即正，有念念成邪。

有无俱不计，长御白牛车。

达闻偈，不觉悲泣。言下大悟，而告师曰：法达从昔已来，实未曾转法华，乃被法华转。

再启曰：经云：诸大声闻乃至菩萨，皆尽思共度量，不能测佛智。今令凡夫但悟自心，便名佛之知见，自非上根，未免疑谤。又经说三车，羊鹿之车与白牛之车，如何区别？愿和尚再垂开示。

师曰：经意分明，汝自迷背。诸三乘人，不能测佛智者，患在度量也。饶伊尽思共推，转加悬远。佛本为凡夫说，不为佛说。此理若不肯信者，从他退席。殊不知坐却白牛车，更于门外觅三车。况经文明向汝道，唯一佛乘，无有余乘，若二若三乃至无数方便，种种因缘，譬喻言词，是法皆为一佛乘故。汝何不省？三车是假，为昔时故。一乘是实，为今时故。只教汝去假归实，归实之后，实亦无名。应知所有珍财，尽属于汝，由汝受用。更不作父想，亦不作子想，亦无用想，是名持《法华经》。从劫至劫，手不释卷，从昼至夜，无不念时也。

达蒙启发，踊跃欢喜，以偈赞曰：

经诵三千部，曹溪一句亡。

未明出世旨，宁歇累生狂。

羊鹿牛权设，初中后善扬。

谁知火宅内，元是法中王。

师曰：汝今后方可名念经僧也。达从此领玄旨，亦不辍诵经。

这段经文讲六祖收伏法达的过程。法达拿《法华经》说事，六祖就借《法华经》收拾他，这就叫"以虎狼之食调虎狼之性"，他好什么就用什么来调理他。顺中有逆，正中有反，话中有音，指上无弦。这是言语接引之术，佛经将这比作"空中栽花"。《红楼梦》中有一对兄妹，我说的不是贾宝玉与林黛玉，贾宝玉降伏不了林黛玉；我说的是薛蟠与他的妹妹薛宝钗。薛蟠者，霸王也，虎狼也，宝钗是一"娴雅"之淑女，云何降伏其心？《红楼梦》第四十七回《呆霸王调情遭苦打　冷郎君惧祸走他乡》有个著名的段子讲薛蟠因为"误把豪侠当优伶"，被柳湘莲一阵痛打，扔在苇子坑里会龙王，贾蓉找他回家，薛姨妈心疼儿子被打，"骂一回薛蟠，又骂一回柳湘莲，意欲告诉王夫人，遣人寻拿柳湘莲。"难得薛宝钗识大体，笑道："这才好呢。他又不怕妈，又不听人劝，一天纵似一天，吃过两三个亏，他倒罢了。"薛姨妈没采用女儿的话，溺爱儿子，"只说柳湘莲一时酒后放肆，如今酒醒，后悔不及，惧罪逃走了。薛蟠听见如此说了，气方渐平。"正所谓"慈母多败儿"，薛姨妈纵容薛蟠的必然结果就是日后薛蟠打死人吃官司偿命，薛家败了完事。薛宝钗能识大体，说出直谏的话，因此薛姨妈与薛蟠都怕她让她，敬她爱她，可谓女中丈夫、闺中智者，虽不能挽回败局，自身不失节，大是不易。正是"时人不识薛宝钗，家中误把熙凤比"。宝钗治家颇严，且走正道，不是熙凤靠手段。大凡正人，必引误会。六祖当日被人误会、试探、追杀，没人把他当名师，以为他是个盗宝的野和尚、半路出家的油子。虽有道场，人不服他。法达一开始向六祖行礼假模假样，引来六祖怒斥，这也是该。六祖是怒目金刚，刚性如火，烈性如雷，他不以势压人，只是以佛法劝导人，又可见其柔性、忍性，弘忍的传人果能能忍。经六祖雷霆棒喝，法达泪如雨下，才知这是真佛。六祖在偈子中说："无念念即正，有念念成邪"，直说法达执著于《法华经》并以此自傲，已成"邪"。又说"有无俱不计，长御白牛车"。"白牛车"是佛车，印度人爱坐牛车，以白牛车为礼，佛陀当日常坐白牛车。此处六祖的意思是对法达说无论你怎样，我都会把佛法传给你，请你上"车"。法达见和尚慈悲，"言下大悟"。如果这还不悟，就永远没机会了。

僧智通，寿州安丰人。初看《楞伽经》，约千余遍，而不会三身四智。礼师求解其义。

师曰：三身者，清净法身，汝之性也。圆满报身，汝之智也。千百亿化身，汝之行也。若离本性，别说三身，即名有身无智。若悟三身无有自性，即名四智菩提。听吾偈曰：

自性具三身，发明成四智。

不离见闻缘，超然登佛地。

吾今为汝说，谛信永无迷。

莫学驰求者，终日说菩提。

通再启曰：四智之义，可得闻乎？

师曰：既会三身，便明四智。何更问耶？若离三身，别谈四智。此名有智无身。即此有智，还成无智。复说偈曰：

大圆镜智性清净，平等性智心无病。

妙观察智见非功，成所作智同圆镜。

五八六七果因转，但用名言无实性。

若于转处不留情，繁兴永处那伽定。

如上转识为智也。教中云：转前五识为成所作智，转第六识为妙观察智，转第七识为平等性智，转第八识为大圆镜智。虽六七因中转，五八果上转；但转其名，而不转其体也。

通顿悟性智，遂呈偈曰：

三身元我体，四智本心明。

身智融无碍，应物任随形。

起修皆妄动，守住匪真精。

妙旨因师晓，终亡染污名。

　　这段经文讲六祖收拾智通，逼他露出真相、俯首称臣的故事。这个智通，他能把《楞枷经》归纳出"三身四智"，可见是会家。假装来问六祖，此心叵测，意在折服甚至羞辱六祖。一旦答不上来，他敢让六祖下不了台。禅风凛冽，禅门冷酷，习禅者当知，一定要有真才实学才能在此门中"混"啊。要么你能服务，要么你有学问，两不沾，来头再大，也会被人撵下台。

　　这个智通，读《楞枷经》已经读了一千遍。虽不能称楞枷学者，楞枷要义他是清楚的。要说读了一千遍，依然什么也不懂，那是不可能的。俗语说："书读百遍，其义自现"，若读一千遍，其义现了又现，傻子也能成大师。这是规律，不信你试一下。因此我说智通是假装不会，他是来考六祖《楞枷经》知识，正如法达考六祖《法华经》知识。他们以为六祖真是文盲，不通经典，殊不知六祖读的是最高明的"无字经"，故能通一切经典。这个六祖厚道，面对"考试"虽也发怒，但并不揭穿，让他们问去。虽他邪着问，我却正着答，徐徐道来，问答自如也。六祖这是在为大众演示接引众生的禅法：禅虽奇妙，不藏机巧。所谓机锋，重剑无锋。

僧智常，信州贵溪人。髫年出家，志求见性。一日参礼。

师问曰：汝从何来？欲求何事？

曰：学人近往洪州白峰山礼大通和尚，蒙示见性成佛之义。未决狐疑，远来投礼，伏望和尚慈悲指示。

师曰：彼有何言句，汝试举看。

曰：智常到彼，凡经三月，未蒙示诲。为法切故，一夕独入丈室，请问如何是某甲本心本性？大通乃曰：汝见虚空否？对曰：见。彼曰：汝见虚空有相貌否？对曰：虚空无形，有何相貌。彼曰：汝之本性，犹如虚空，了无一物可见，是名正见。无一物可知，是名真知。无有青黄长短，但见本源清净，觉体圆明，即名见性成佛，亦名如来知见。学人虽闻此说，犹未决了，乞和尚开示。

师曰：彼师所说，犹存见知，故令汝未了。吾今示汝一偈：

不见一法存无见，大似浮云遮日面。

不知一法守空知，还如太虚生闪电。

此之知见瞥然兴，错认何曾解方便。

汝当一念自知非，自己灵光常显现。

常闻偈已，心意豁然，乃述偈曰：

无端起知见，著相求菩提。

情存一念悟，宁越昔时迷。

自性觉源体，随照枉迁流。

不入祖师室，茫然趣两头。

智常一日问师曰：佛说三乘法，又言最上乘，弟子未解，愿为教授。

师曰：汝观自本心，莫著外法相。法无四乘，人心自有等差。见闻转诵是小乘，悟法解义是中乘，依法修行是大乘。万法尽通，万法俱备，一切不染，离诸法相，一无所得，名最上乘。乘是行义，不在口争，汝须自修，莫问吾也。一切时中，自性自如。

常礼谢执侍，终师之世。

这段经文异常险峻，这个智常和尚年纪轻轻，心藏歹毒，要陷六祖于不义，依然被六祖以大无畏的金刚禅化解了。智常假装来参礼，六祖就让他参，受他一拜。歹人来拜佛，必有害佛心。拜了就害，又拜又害，拜是为了害，这些道理望君早知，勿贪人拜也。受人拜，被人害，这是常见悲剧。真佛不惧此，不怕人拜，也不怕人害，要拜随便你拜，要害随便你害，反正你拜的是空气，与我无关；害的也是空气，空欢喜。这个智常刚一拜完，祸害就来了，此人大不敬、大逆不道，比法达、智通更坏，看看六祖门下都是什么东西，怪不得六祖之后无七祖，禅宗绝了后，都是被一些拿佛学当耍宝的人弄坏了。何以见得智常是祸害？你不要被他貌似恭敬的外表、看似谦虚的提问迷惑了，他话中处处是杀机，阴险毒辣。阴之又阴、险之又险、毒之又毒、辣之又辣者有两处，第一毒辣处，是他抬出大通和尚。你道大通和尚是谁？就是神秀。有的《坛经》学者注释说可能不是指神秀，但当时并没有第二个大通和尚。大通和尚是神秀死后的谥号，神秀就是大通和尚。为何生前人用死后号？这很简单，《坛经》也是后来人编的，把书中人一概视为过去，因此混用一切称号。智常在惠能面前提神秀，这是大不敬。因为天下人皆知二人有"过节"，哪有客人在拜见主人的时候一见主人就提主人的"仇家"的道理？虽然惠能与神秀有默契，并非有"过节"的"仇家"，但为了弘法，他们故意对此保持沉默，不说破。外人对此不知，一来二去已成成见。在这种情况下，智常在惠能面前当面提神秀，不是挑起事端吗？更有甚者，智常说他在神秀门下学过，等于公开他的身份，肆无忌惮地显示来意：他是代表神秀打擂台来了，砸场子来了。神秀是他能代表的么？我们看到，《坛经》记载，神秀的弟子一拨又一拨地跑来害惠能，这些人都是假冒的，明眼人当知。南宗弟子既不成器，北宗弟子尤其不堪，作为南宗宗师的惠能、北宗宗师的神秀，他们急啊，这些人，不用试就知道是些什么人了。这"南能北秀"二人想起弘忍老和尚的嘱托，唯一能做的就是留下一部《坛经》，希望在千年以后找到一个隔代传人。话说远了，我们来看智常的话。他说他要把问过神秀的话再来问惠能，粗看他这干法很正常，很好学，细看不得了，藏了一把刀。你想，他已经拜神秀为师，现在又假意拜惠能为师，岂不是在说神秀不配做他师父？惠能接招就中计，一旦惠能为智常答疑问、成了智常的老师，这样以来岂不是在打神秀的脸？印证了外面传得风风雨雨的"惠能与神秀相争"的话？好个智常，一石二鸟，又借了神秀的名头，又陷惠能于不义，果然是大祸害，这招确实狠毒。无论哪一行，师道尊严是必不可少的，虽然"圣人相师"、"转益多师"这些话是不错，但"一日为师、终身为师"更是永不动摇的规矩。中国人尤其忌讳拜了一个老师又拜一个老师，有了新老师就踢开旧老师。天地君亲师是中国人的信仰，不容朝三暮四。可以不跟到底，但一定要认到底。我常说，柏拉图说"吾爱吾师，吾更爱真理"说得不对，应该说"吾爱真理，但更爱吾师"才对。因为真理是不确定的，而老师是确定的；真理是死理，老师是活人；真理你看不见，老师却是看得见的。所谓真理，说真即非真，任人打扮、服务于强权，一件事你认为是真理在别人那里就了谬误。富人的真理穷人敢要吗？将军的真理士兵敢跟吗？"一将功成万骨枯"，这就是将军的真理、士兵的悲剧。真理可以改，吾师不会变。一日为师，终身为父，所以叫"师父"，中国人就认这个死理，所以我说"吾爱真理，但更爱吾师"。借真理杀人者多，借师道杀人者也不少，相比之下，真理杀人最方便、最常见。此处智常小儿，以真理杀人他没这个能耐，只能借师道杀人。他故意挑起两大师的争端，想坐享渔翁之利。他这些小把戏，又怎能难倒六祖惠能大师？大师为我们演示了接引大众之禅法：暗话明解，曲话直说，邪见正之，正见定之。六祖运用了"戒定慧"，引智常归戒、归定、归慧，降伏其心，不敢作祟。智常话中的第二毒辣处是戏耍六祖，让六祖难堪。他故意模仿"三更鼓"的情节，说他从神秀处得法，也是晚上进行。据他说："智常到彼，凡经三月，未蒙示诲，为法切故，一夕独入丈室。"完全是"三更鼓"的翻版，太假了。六祖对此一笑了之。来的人虽不成器，但他也不能因此把自己的宝物砸了。六祖不管牛头马面，一概把他当人看，这是真佛，怜悯众生。

僧志道，广州南海人也。请益曰：学人自出家，览《涅槃经》十载有余，未明大意。愿和尚垂诲。

师曰：汝何处未明？

曰：诸行无常，是生灭法。生灭灭已，寂灭为乐。于此疑惑。

师曰：汝作么生疑？

曰：一切众生皆有二身，谓色身法身也。色身无常，有生有灭。法身有常，无知无觉。经云：生灭灭已，寂灭为乐者，不审何身寂灭？何身受乐？若色身者，色身灭时，四大分散，全然是苦。苦，不可言乐。若法身寂灭，即同草木瓦石，谁当受乐？又，法性是生灭之体，五蕴是生灭之用。一体五用，生灭是常。生则从体起用，灭则摄用归体。若听更生，即有情之类，不断不灭。若不听更生，则永归寂灭，同于无情之物。如是，则一切诸法被涅槃之所禁伏，尚不得生，何乐之有？

师曰：汝是释子，何习外道断常邪见，而议最上乘法？据汝所说，即色身外别有法身，离生灭求于寂灭；又推涅槃常乐，言有身受用。斯乃执吝生死，耽著世乐。汝今当知佛为一切迷人，认五蕴和合为自体相，分别一切法为外尘相。好生恶死，念念迁流，不知梦幻虚假，枉受轮回，以常乐涅槃，翻为苦相，终日驰求。佛愍此故，乃示涅槃真乐，刹那无有生相，刹那无有灭相，更无生灭可灭，是则寂灭现前。当现前时，亦无现前之量，乃谓常乐。此乐无有受者，亦无不受者，岂有一体五用之名？何况更言涅槃禁伏诸法，令永不生。斯乃谤佛毁法。听吾偈曰：

无上大涅槃，圆明常寂照。凡愚谓之死，外道执为断；

诸求二乘人，目以为无作；尽属情所计，六十二见本。

妄立虚假名，何为真实义？惟有过量人，通达无取舍。

以知五蕴法，及以蕴中我，外现众色像，一一音声相，

平等如梦幻，不起凡圣见；不作涅槃解，二边三际断。

常应诸根用，而不起用想；分别一切法，不起分别想。

劫火烧海底，风鼓山相击，真常寂灭乐，涅槃相如是。

吾今强言说，令汝舍邪见，汝勿随言解，许汝知少分。

志道闻偈大悟，踊跃作礼而退。

这段经文讲志道向六祖问道，老师还没答，他倒向老师讲起道来，惹得六祖勃然大怒，痛斥志道"斯乃谤佛毁法"，意思说你这是谤佛灭佛，不是不懂，而是成心拆台。"懂装不懂"，这种人比"不懂装懂"更可恶、可怕，因此六祖大发雷霆之怒，把他收了。志道的话动摇了佛教信仰的根基，六祖的话维护了佛教信仰的威信。何谓威信？威信不是耍威风，威信是威而有信，立威的同时立信，从理上服人，而非从势上压人，六祖的话有威有信，护教护法，护了众生。《红楼梦》中，贾探春是大观园的护教护法者。贾宝玉的女儿教、男儿法，本身周转不灵，多亏了他这个三妹妹，才有几分稳定。王夫人抄检大观园时，王善保家的耍泼装憨，一时没大没小，竟敢上前掀探春的衣服，要搜她的身，惹得探春一个耳光盖下来，一下子把所有人都打醒了。探春这个耳光打得好，不打不足以维护规矩。探春说："可知这样大族人家，若从外头杀来，一时是杀不死的，这是古人曾说的'百足之虫，死而不僵'，必须先从家里自杀自灭起来，才能一败涂地！"这话何等沉痛。探春对一起来抄检又处处扮演好人的王熙凤说："你果然倒乖。"这话何等冷峭。探春对不知上下、不知好歹的王善保家的说："你是什么东西，敢来拉扯我的衣裳！"这话何等凛冽。探春自家冷笑道："我但凡有气性，早一头碰死了！"这话何等无奈。（《红楼梦》第七十四回《惑奸谗抄检大观园　矢孤介杜绝宁国府》）护教之艰难，可见一斑。大家读《坛经》，要读出六祖护教的一片苦心来。若无人护教，教不成教；若无人护法，法成无法；若无人护师，势必任人践踏。六祖以佛法护身，故能勇护禅门。之所以他被尊称为"禅宗六祖"，并不是说他有神通，有学问；也不是说他禅法奇妙，智慧高深，而是说他有护教之心，矢志不改。就凭这个心，他就是佛。不入佛门则已，一入佛门就要成佛，这才是有志气的男儿、有根器的金刚，六祖是也。当日六祖是如何护教护法的？大家来看他与志道和尚斗法。志道一来就自夸读《涅槃经》读了十年，却又假装不懂，提了一个尖锐的问题。志道问：照佛经说法，人的身体分色身（肉身）与法身（真身），那么请问：死亡的是哪个身？享受的是哪个身？志道这个问题的潜台词是佛经不可信，人应该享受此生。管他什么身，能享受的就是好身体。听了志道的话，六祖马上训斥说："汝是释子，何习外道断常邪见？"六祖根据《涅槃经》、《金刚经》、《心经》诸佛经本义指出：色不异空，肉身即真身，人只有一个身体，当闻正法而生正心，自有极乐。做人不是为了享受，否则"好生恶死，念念迁流，不知梦幻虚假，枉受轮回，以常乐涅槃，翻为苦相。"六祖指出：所谓"常乐涅槃"，是没有生死的，是无相的，没有接受，也没有拒绝，刹那之间，空空如也。任他千娇百媚，我自守我心。冥心独坐，胜过千万人中寻。六祖这一禅法，《红楼梦》中贾宝玉归纳为："任他弱水三千，我只取一瓢饮。"其意不差。此番斗法，六祖教训志道要真正地有志于道，"只认一个准"。若君心不二，可见一色花开。

行思禅师，生吉州安城刘氏。闻曹溪法席盛化，径来参礼。

遂问曰：当何所务，即不落阶级？

师曰：汝曾作什么来？

曰：圣谛亦不为。

师曰：落何阶级？

曰：圣谛尚不为，何阶级之有？

师深器之，令思首众。一日，师谓曰：汝当分化一方，无令断绝。

思既得法，遂回吉州青原山，弘法绍化。谥号弘济禅师。

这段经文讲六祖把冒尖的行思禅师"冷处理"、打回原籍的故事。这个行思禅师是个大人物，与其弟子希迁和尚一系创建了禅宗中的曹洞宗、云门宗、法眼宗三大宗派，也算是个祖师爷，是六祖门下大将。当日行思见六祖，也是盛气凌人，一来就问：该怎样做才能不落俗套？眼下之意别人都俗，就他不俗，他把六祖可能也看俗了。但他即使怎么傲，也得来问六祖，可见他也知道自己依然在"阶级"中，而六祖自有不俗处。行思暗中承认自己也还俗，有自知之明，六祖对此表示赞许。所谓"阶级"，指套路，本处特指学佛的套路。我们曾经非常熟悉的词汇如"阶级"、"解放"都是从佛教中来。王绍璠老师把他的禅学著作命名为《心的解放》，其出处在佛典中。话说当初六祖听了行思毛毛糙糙的提问，心生欢喜。六祖喜欢"直"，因为他本人就很"直"，原先他也是用这么直的方式问五祖，被斥为"獦獠"、野人，如今他不训斥行思又训斥谁？于是反问：你不想落俗套，那你一向干什么吃的？这个行思胆大包天，回了一句：我不学佛法。行思说"圣谛亦不为"，是说佛教基本教义"四圣谛"：苦谛、集谛、灭谛、道谛他已经不看、不学、不管了。就这句，最讨六祖欢心，这正是六祖"本来无一物"的高妙禅法。因此六祖传法给行思。凡不执著于佛法者，始可言佛法。这是禅宗真谛。

怀让禅师,金州杜氏子也。初谒嵩山安国师,安发之曹溪参叩。让至礼拜。

师曰:甚处来?

曰:嵩山。

师曰:什么物,恁么来?

曰:说似一物即不中。

师曰:还可修证否?

曰:修证即不无,污染即不得。

师曰:只此不污染,诸佛之所护念,汝即如是,吾亦如是。西天般若多罗谶汝足下出一马驹踏杀天下人,应在汝心,不须速说。

让豁然契会。遂执侍左右一十五载,日臻玄奥。后往南岳,大阐禅宗,敕谥大慧禅师。

本处经文大腕云集，都是佛门中有分量的大宗师。六祖就不必说了，"安国师"指与神秀同为武则天护国国师的嵩山少林寺住持慧安法师，再有就是本处经文的主人公怀让禅师。这个怀让，先拜谒嵩山，再谒曹溪，两处得法，八面玲珑，后来跑到南岳坐镇一方，称"南岳怀让"。"自古名山僧占多"。慧安占了中岳嵩山，怀让跟他学了一招，也占了座南岳衡山。看来不占山为王，就成不了佛啊。与这二人比，六祖不靠山，他靠水。曹溪清清，浇灌一花五叶。怀让与其弟子马祖道一、徒孙百丈怀海一系创建了禅宗中的沩仰宗、临济宗这两大宗派。加上行思禅师、希迁和尚这一系创建的曹洞宗、云门宗、法眼宗，合称"禅宗五派"或"禅门五宗"，皆取法六祖惠能，即"一花开五叶"是也。既然有花有叶，必定就有根有干，来梳理一下。禅宗谱系，要认"教"、"门"、"祖"、"宗"，最好不要分"派"、"系"，以免打架。"教"指佛教，"门"指禅门，"祖"指从"初祖"达摩到六祖惠能，"宗"指六祖门下五宗：曹洞宗、云门宗、法眼宗、沩仰宗、临济宗是也。怀让当初见六祖，六祖怎么就给了他一片"叶"？又允许他把"一叶"分为"两叶"？二师心印，何解？大家来看这段著名的公案就了然于心了。六祖问：哪里来的？怀让说：嵩山。六祖说了句怪话：嵩山是什么东西？你怎样来的？怀让也说了句怪话：说它是东西就不对了。六祖叹：像你这种东西还能学佛吗？怀让说：想不学佛都不能，想被污染也不行。六祖赞道：想被污染都不行，这是诸佛护念啊，你我都一样。西天有个佛，叫"般若多罗"，他说你要生下一匹马驹"踏杀天下人"。所谓"马驹"有人说六祖是在预言马祖道一出世，这种说法姑信之。六祖接见怀让这一段，充满活泼禅趣，是历来人最是喜闻乐见、也比较好懂的一段公案，但以往都理解错了。六祖与怀让看似在说嵩山、看似在影射嵩山少林寺住持慧安法师，其实没说慧安、也没说嵩山，而是在说封慧安为国师的武则天。因关系到朝廷与佛教的重大关系，乱说不得，只能打比。当时佛教有些人助纣为桀，跟着武则天搞得天下大乱，佛门成豪门，佛教成豪强，和尚成了炙手可热的红人，为了地位，什么都干得出来。作为饱受那些所谓的佛门中人讥讽、质疑、打击乃至追杀的惠能，对此当然感触极深，因此他怒斥嵩山是什么东西，其实不是骂嵩山，是骂那些把佛教搞得不像佛教的人是什么东西，不避嫌疑，直贬时弊，可谓佛门直谏之士，护教之心昭然。怀让听懂了惠能的话，说把那些人比作东西也不对，两边维护，也是护教之意。惠能见怀让有护教的正念，并能做到无染，因此传法给他，这段公案应该这么解。高手说话，彼此一两句、两三句话就全然明白，无需废话。但我们作为旁人，一定要知道他们说话的时代大背景，才知道句句有出处，句句有来历，句句有所指，句句在办事。就在风起云涌的浪潮中，一片叶子就这样从六祖手上飘到怀让手上。定心无闻，自现奇花。六祖点化怀让，就只一个字："速"。六祖对怀让说："不须速说"，怀让就藏了十五年，就像六祖当初躲避四方追杀一二十年。凡深藏者，其出必茂。凡久持者，其发必速。这就是六祖传给怀让的佛法。

永嘉玄觉禅师，温州戴氏子。少习经论，精天台止观法门，因看《维摩经》，发明心地。偶师弟子玄策相访，与其剧谈。出言暗合诸祖。策云：仁者得法师谁？曰：我听方等经论，各有师承。后于《维摩经》，悟佛心宗，未有证明者。策云：威音王已前即得，威音王已后，无师自悟，尽是天然外道。曰：愿仁者为我证据。策云：我言轻。曹溪有六祖大师，四方云集，并是受法者。若去，则与偕行。

觉遂同策来参。绕师三匝，振锡而立。

师曰：夫沙门者，具三千威仪，八万细行。大德自何方而来，生大我慢？

觉曰：生死事大，无常迅速。

师曰：何不体取无生，了无速乎？

曰：体即无生，了本无速。

师曰：如是如是！

玄觉方具威仪礼拜。须臾告辞。

师曰：返太速乎？

曰：本自非动，岂有速耶？

师曰：谁知非动？

曰：仁者自生分别。

师曰：汝甚得无生之意。

曰：无生岂有意耶？

师曰：无意谁当分别？

曰：分别亦非意。

师曰：善哉！少留一宿。

时谓一宿觉，后著《证道歌》盛行于世。谥曰无相大师。时称为真觉焉。

这段经文记录了禅宗著名的公案"一宿觉",意思是六祖惠能留永嘉玄觉禅师住了一宿,永嘉玄觉就觉悟了。这是字面意思,其真实意思是:"一宿觉"好比"三更鼓",要在黑暗中才能悟道。惠能留他住下来,是要让他在黑暗中泡上一宿,消化消化,暗地里把白天觉悟到的自己再参一遍,定下来。这个永嘉玄觉,原来是天台宗学者,因为与六祖弟子玄策有一段缘,有幸来拜见六祖。永嘉玄觉见了六祖,二话没说就做了个动作:绕六祖转了三圈,然后把禅杖一跺立定。永嘉玄觉做这个动作的意思是:我做人做学问转了三圈,到师父这里我定下来了。他转了哪三圈?指在天台宗、禅宗北宗、禅宗南宗转来转去,转了很多年。六祖说他无礼,他说生死事大,今日觉悟了,一开心就不由得转三圈、跺一脚。说着就要走,六祖留他下来。意思是让他转三圈之后再转一圈,跺一脚后再跺一脚,要尽力,莫省劲,看头晕脑胀、脚跟发疼时又如何。六祖把他的三一变成四二,更皮实了。后来永嘉玄觉作《证道歌》,就是强调了修行重在实证。

禅者智隍，初参五祖，自谓已得正受。庵居长坐，积二十年。师弟子玄策，游方至河朔，闻隍之名，造庵问云：汝在此作什么？隍曰：入定。策云：汝云入定，为有心入耶？无心入耶？若无心入者，一切无情草木瓦石，应合得定。若有心入者，一切有情含识之流，亦应得定。隍曰：我正入定时，不见有有无之心。策云：不见有有无之心，即是常定。何有出入？若有出入，即非大定。隍无对。良久，问曰：师嗣谁耶？策云：我师曹溪六祖。隍云：六祖以何为禅定？策云：我师所说，妙湛圆寂，体用如如，五阴本空，六尘非有，不出不入，不定不乱。禅性无住，离住禅寂。禅性无生，离生禅想。心如虚空，亦无虚空之量。隍闻是说，径来谒师。

师问云：仁者何来？

隍具述前缘。

师云：诚如所言，汝但心如虚空，不著空见，应用无碍，动静无心，凡圣情忘，能所具泯，性相如如，无不定时也。

隍于是大悟，二十年所得心，都无影响。其夜河北士庶闻空中有声云：隍禅师今日得道。隍后礼辞，复归河北，开化四众。

　　这段经文讲六祖与同门师兄弟智隍禅者切磋，最后点化智隍而去。这段经文的话外音是：六祖之门即五祖之门，天下禅门归心佛。禅不分南北，不分世代，以觉为师。经文最后有一段神异灵感之妙文，讲智隍从六祖处得了法，开了悟，"其夜河北士庶闻空中有云：'隍禅师今日得道。'"这事太神了，智隍在曹溪得道，河北人马上就知道了，相隔几千里，比打电话还快，原来是佛菩萨从天上通知，将消息从空中运送，果然是如佛经所云"隔空消息"，又云"空中摘桃"，自是神仙手。当初智隍被六祖的弟子玄策说的两句话折服了，就跑来见六祖。哪两句话？是玄策夸六祖"心如虚空,亦无虚空之量"。这两句有水平的话是六祖平日说的，玄策转述给人。智隍见了六祖，六祖在此基础上点化道："心如虚空，不著空见"，境界更上层楼，怪不得智隍当下就觉悟了。六祖指出：心要空，但不是空心人。空是空透，空无所空，并且不要有空的成见，一切成见都泯灭。将本性和外相剥离，好比芦葫装珠子，下实有、上实空。空有相连而无碍，人生受用无穷。

一僧问师云：黄梅意旨，甚么人得？

师云：会佛法人得。

僧云：和尚还得否？

师云：我不会佛法。

师一日欲濯所授之衣，而无美泉。因至寺后五里许，见山林郁茂，瑞气盘旋。师振锡卓地，泉应手而出，积以为池。乃跪膝浣衣石上。

忽有一僧来礼拜，云方辩是西蜀人，昨于南天竺国，见达摩大师，嘱方辩速往唐土。吾传大迦叶正法眼藏，及僧伽梨，见传六代，于韶州曹溪，汝去瞻礼。方辩远来，愿见我师传来衣钵。

师乃出示。次问上人攻何事业？

曰：善塑。

师正色曰：汝试塑看。

辩罔措。过数日，塑就真相，可高七寸，曲尽其妙。

师笑曰：汝只解塑性，不解佛性。

师舒手摩方辩顶，曰：永为人天福田。师仍以衣酬之。

辩取衣分为三：一披塑像，一自留，一用棕裹瘗地中。誓曰：后得此衣，乃吾出世，住持于此，重建殿宇。宋嘉祐八年，有僧惟先，修殿掘地，得衣如新。像在高泉寺，祈祷辄应。

有僧举卧轮禅师偈云：

卧轮有伎俩，能断百思想。

对境心不起，菩提日日长。

师闻之，曰：此偈未明心地。若依而行之，是加系缚。因示一偈曰：

惠能没伎俩，不断百思想。

对境心数起，菩提作么长？

日暮草更幽，雨晴果更甜。园中花果供养，室中贝叶芬芳。本书作者静居一室，知为福报也。上引经文是《机缘品》末了文字，大是有情。君若闲暇，容我细讲。经文中有三个故事。第一个故事讲有人问六祖谁得了五祖的法？得法人就在眼前，他这是明知故问，好比问一只舔着嘴唇的猫：谁见了一只小老鼠？六祖既然已经得法，只说不知，这叫"闷声发大财"。敲锣打鼓叫卖艺，涂脂抹粉叫卖身，又不卖艺又不卖身，就应该定心无闻。有事学着乐，没事偷着乐。学禅好比女人身，越是无情越动人。经文中第三个故事是"三个和尚、两首偈子"的故事，这个"三僧两偈"公案，是弘忍、神秀、惠能经典三角关系重演，前后参照即知。惠能说他"惠能没伎俩"，正是"本来无一物"之意也。首尾这两个故事中间夹的第二个故事大有嚼头，值得一说。故事中的主人公叫方辩，来自西蜀。这个方辩，是六祖的送终弟子之一，他是雕塑家，为六祖生前塑的像被传为法宝，这在《付嘱品》中有交代。本品《机缘品》中所列六祖门下弟子，近者来自广东本省，邻者来自江西，渐行渐远者来自湖北、安徽、浙江、河南、河北等，这些人都远不过方辩来自四川。不是说地理距离远，而是心理距离远。四川古称巴蜀，本是道教洞天、妙香佛国，不与人世相同，实乃昆仑东区，号称天府之国。四川地近东南亚，有天竺风气，多佛国消息。六祖能感召巴蜀僧人来投，可见其影响深远，已接西天。顺便说一句，其实汉地佛教说的西方极乐世界并不遥远，有时指印度、尼泊尔，有时指四川、云南、西藏交汇处的香格里拉，总之就在大昆仑山范畴。这方辩一见六祖，就说"方辩是西蜀人，昨于南天竺国见达摩大师，嘱方辩速往唐土"云云，又是一个神通之士。其意思简单说就是：达摩托他来验六祖衣钵。这个狠，别人只是考验惠能的佛学知识，他一来就要验宝。这事咋弄？没天没地的，看来这方辩和尚会飞，一会儿在印度，一会儿在中国，飞来飞去原来是找六祖要衣穿、要饭吃。他要看衣钵，六祖就给他看衣钵，有求必应，一视同仁，毫不作难，让他验，让他看。他是无礼也好，真稀奇也好，真尊敬也好，在六祖看来毫无差别。看了就看了，没损失，也没收获，因为它本来就那样。《红楼梦》中贾宝玉见林黛玉第一面怎么说？他说："这个妹妹我见过。"接下来就要砸玉，毁了这"衣钵"，好再无"验证"，自由为人。"吓得众人一拥争去拾玉，贾母急得搂了宝玉道：'孽障！你生气，要打骂人容易，何苦摔那命根子？'宝玉满面泪痕泣道：'家里姐姐妹妹都没有，单我有，我说没趣；如今来了这么一个神仙似的妹妹也没有，可知这不是个好东西。'"（《红楼梦》第三回《贾雨村夤缘复旧职　林黛玉抛父进京都》）这又何必如此执著呢，宝玉当学六祖，看淡宝贝才是，尤其不可自恋自宝。六祖让方辩看了宝贝，又让方辩为他塑身。方辩知道这是办后事的干法了，手足无措。因见和尚法相庄严，只得照办。既塑了身，六祖随手就把法衣传给了方辩，以为工酬。好一个随便！当初千辛万苦得了来，如今随随便便给了去，六祖不是一般的大方。其实不是大方，说穿了也不稀奇：

六祖衣钵化身无数，心诚者皆可得也。六祖既然能把"叶子"分给怀让，当然也能把"衣钵"分给方辩。东西在他手上是"唯一"，分给众人是"无穷多"，这就是佛法了，佛经所云"无尽藏"即是。常人想：无尽藏何其多，到底藏在哪里？原来，无尽藏的本体就只有一个。龙含一珠，虎啸一林。无尽藏并非披挂满身，而是法身一具，就是无尽藏之宝。即传宝于方辩，六祖轻轻地抚摸他的头顶，祝福说："永为人天福田。"方辩把六祖法衣分成三份，一份披在六祖塑像上，见此像如见此身；一份自留，见此衣即明如来自性；一份埋在地上，留作他日记号。方辩分衣成三份的用意是：供养天、供养地、供养人。这是三供养。他已知六祖为真佛，他已被六祖摩顶受记，恰似李白作的诗讲的："仙人摩我顶，结发受长生。"这一场灵魂的灌顶仪式，不是有福人，也难消受。曹溪之水，奚清？曹溪之法，谁闻？本品讲毕，似曾未讲，转又见夕阳归山，我且掩了静室之门，归家来看小儿女。

坛经第八品　顿渐品

此品讲超脱生死也。

时，祖师居曹溪宝林；神秀大师在荆南玉泉寺。于时两宗盛化，人皆称南能北秀；故有南北二宗顿渐之分。而学者莫知宗趣。

师谓众曰：法本一宗，人有南北。法即一种，见有迟疾。何名顿渐？法无顿渐，人有利钝，故名顿渐。

然秀之徒众，往往讥南宗祖师不识一字，有何所长？

秀曰：他得无师之智，深悟上乘，吾不如也。且吾师五祖，亲传衣法，岂徒然哉！吾恨不能远去亲近，虚受国恩。汝等诸人，毋滞于此，可往曹溪参决。

一日，命门人志诚曰：汝聪明多智，可为吾到曹溪听法。若有所闻，尽心记取，还为吾说。

志诚禀命至曹溪，随众参请，不言来处。

时祖师告众曰：今有盗法之人，潜在此会。

志诚即出礼拜，具陈其事。

师曰：汝从玉泉来，应是细作。

对曰：不是。

师曰：何得不是？

对曰：未说即是，说了不是。

师曰：汝师若为示众？

对曰：常指诲大众，住心观净，长坐不卧。

师曰：住心观净，是病非禅。长坐拘身，于理何益？听吾偈曰：

生来坐不卧，死去卧不坐。

一具臭骨头，何为立功课？

志诚再拜曰：弟子在秀大师处学道九年，不得契悟。今闻和尚一说，便契本心。弟子生死事大，和尚大慈，更为教示。

师曰：吾闻汝师教示学人戒定慧法，未审汝师说戒定慧行相如何？与吾说看。

诚曰：秀大师说，诸恶莫作名为戒；诸善奉行名为慧；自净其意名为定。彼说如此，未审和尚以何法诲人？

师曰：吾若言有法与人，即为诳汝。但且随方解缚，假名三昧。如汝师所说戒定慧，实不可思议。吾所见戒定慧又别。

志诚曰：戒定慧只合一种，如何更别？

师曰：汝师戒定慧，接大乘人；吾戒定慧，接最上乘人。悟解不同，见有迟疾。汝听吾说，与彼同否？吾所说法，不离自性，离体说法，名为相说，自性常迷。须知一切万法，皆从自性起用，是真戒定慧法。听吾偈曰：

心地无非自性戒，

心地无痴自性慧，

心地无乱自性定。

不增不减自金刚，

身去身来本三昧。

诚闻偈悔谢，乃呈一偈：

五蕴幻身，幻何究竟？

回趣真如，法还不净。

师然之。复语诚曰：汝师戒定慧，劝小根智人；吾戒定慧，劝大智根人。若悟自性，亦不立菩提涅槃，亦不立解脱知见。无一法可得，方能建立万法。若解此意，亦名佛身，亦名菩提涅槃，亦名解脱知见。见性之人，立亦得，不立亦得。去来自由，无滞无碍。应用随作，应语随答。普见化身，不离自性，即得自在神通，游戏三昧，是名见性。

志诚再拜启师曰：如何是不立义？

师曰：自性无非、无痴、无乱，念念般若观照，常离法相，自由自在，纵横尽得，有何可立？自性自悟，顿悟顿修，亦无渐次，所以不立一切法。诸法寂灭，有何次第？

志诚礼拜，愿为执侍，朝夕不懈。

　　这段经文讲同为禅宗六祖的惠能与神秀惺惺相惜、彼此推崇的故事。此二佛合称"南能北秀"。世俗偏见：能、秀相争，五祖衣钵归能不归秀，故秀恶能，欲夺衣钵而追杀之；世上习禅者多褒能而贬秀。此为偏见。细读本段《坛经》经文，可知二人自有心印，非外人所能知也。《红楼梦》中贾宝玉拉住林黛玉之手说："好妹妹，且略站住，我说一句话再走。"林黛玉一面拭泪，一面将手推开，说道："有什么可说的，你的话我早知道了！"口里说着，却头也不回竟去了。（《红楼梦》第三十二回《诉肺腑心迷活宝玉　含耻辱情烈死金钏》）宝黛刻骨铭心之恋，略可比拟能秀兄弟之谊。也许有人要问：君以男女之情比拟习禅，岂不大谬？或云：以爱情比拟友谊，岂非不伦不类？我也懒得解释，还是请大家来读《红楼梦》："天地生人，除大仁大恶两种，余者皆无大异……所余之秀气，置之于万万人中，其聪俊灵秀之气，则在万万人之上；其乖僻邪谬不近人情之态，又在万万人之下……如前代之许由、陶潜、阮籍、嵇康、刘伶、王谢二族、顾虎头、陈后主、唐明皇、宋徽宗、刘庭芝、温飞卿、米南宫、石曼卿、柳耆卿、秦少游，近日之倪云林、唐伯虎、祝枝山，再如李龟年、黄幡绰、敬新磨、卓文君、红拂、薛涛、崔莺、朝云之流，此皆易地则同之人也。"（《红楼梦》第二回《贾夫人仙逝扬州城冷子兴演说荣国府》）曹公假借"贾雨村言"，演说一番他心目中的得意、得境、得趣"三得之人"，其中将男女一视同仁，并无篱藩，可知一切人皆可比拟，不管和尚道士，天王老子，只要真正的是个人，就值得称颂。我今把能秀比宝黛，毫不着相，正是曹公原意、《坛经》神髓也。君不见《坛经》中称神秀为"神秀大师"，这是编纂《坛经》的惠能弟子秉持惠能原意，表示对神秀由衷地尊敬。《坛经》同时记载，神秀称赞惠能："他得无师之智，深悟上乘，吾不如也。"并说"吾恨不能远去亲近"。这是何等推崇，故我说此二佛惺惺相惜，毫无相轻之意。之所以有这样那样的问题，全是手下人、身边人、背后人干的。能秀当日何尝有争斗？无论同在五祖门下，还是各居南北，皆是彼此抬举。当然，他们有"思想斗争"，那是因为思想的诞生只能是斗争的结果，为了共同进步，他们在禅学上彼此促进，必定会显示出巨大差异，然而殊途同归，是异中有同。人生的友谊必然伴随思想的斗争，思想的斗争促进了人生的友谊。南能北秀，何等和谐。若去其一，何等寂寞。神秀指出惠能有"无师智"，这个专用术语是对惠能智慧的最高评价，也是最准确的指认，别人说不出这种了解极深的话。"无师智"指无师自通、独自领悟的超常规先天智慧。有无师智者已经觉悟，非佛不足以当此语。神秀说惠能有无师智，等于说惠能是佛。世上真龙识真龙，古来真佛见真佛。神秀认出惠能是佛，说明他自身也是佛。先前我尊此二师为"惠能佛"、"神秀佛"，就是以此为根据。二佛同游，大是美事也。神秀说惠能有无师智，一般人说不出也不懂。他惠能明明有传授，得了五祖衣钵，神秀为何说他没有老师、全是自悟得来？这是因为，神秀作为同样是依靠自悟成佛的人，唯独他明白："师父引进门，修行靠个人。"不是说不要师父，而是说师父不能包办一切。师父不能永远是师父，徒弟不能永远是徒弟。从根本上讲，并没有师父这个人，禅者以觉为师，以戒为师，这是对师父最大的尊重。"不要师父"是真正把师父当师父，也是师父本人最大的心愿。做过师父的人会明白，没做过师父的不会明白。习师所习者，与师合而为一人，此为师道之至极也。眼中无师，心中无师，手上也无师，这是大师的诞生。大师的诞生是对本师最大的安慰。师也不必提，道也不必遵，此为师道之兴隆也。昨日之拜师是为今日之觉悟，今日之觉悟是为大众之觉悟。到此地步，方知"圣人相师"、"以众为师"、"三人行必有我师焉"为实理。外师造化，内得心源。有造化者实以天地为师，人实不足以为师，这是实情。能造就人的，唯有自悟一途。觉悟都是自己逼出来的。再给大家说段故事。《乐府古题要解》里讲："伯牙学琴于成连，三年而成。至于精神寂寞，情之专一，未能得也。成连曰：'吾之学不能移人之情，吾之师方子春在东海中。'乃赍粮从之。至蓬莱山，留伯牙曰：'吾将迎吾师。'划船而去，旬日不返。伯牙心悲，延颈四望，但闻海水汩没，山林窅冥，群鸟悲号，仰天叹曰：'先生将移我情！'乃援操而作歌曰：'繄洞庭兮流斯护，舟楫逝兮仙不还。移素形兮蓬莱山，欽钦伤宫仙不还。'伯牙遂为天下之妙手。"这段故事的知名度不如伯牙子期的故事，但很重要，他为我们解释了伯牙之所以能成为"天下之妙手"的原因。故事讲：伯牙的师父成连为了让伯牙的琴道入化境，骗他说师父更有师父，名叫方子春。伯牙信了。于是成连骗伯牙到荒岛上，抛弃他走了。伯牙无路可逃，无人来救，这才明白师父说的"师父的师父"不是什么人，"师父的师父"是大海的波涛，是天上的风云。在无望之中他悟出了有望，在无声之中他奏出了有声。伯牙被逼成国手，惠能被逼成宗师。为了使惠能开宗立派、弘扬佛教，弘忍、神秀联手逼迫惠能，并任人追杀之，磨炼其心智，增长其神通。惠能日后能高坐台上讲道，全得之于他伏身草莽这段时间的修炼。神秀之于惠能可谓恩公、可谓知音、可谓接引佛。神秀得道在先，惠能得道在后。为了使惠能得道后坚定不移，神秀又派出特派员志诚和尚等到惠能身边"潜伏"，听其"风声"，上演"宫心计"，知其为"甄嬛"，故知其"亮剑"也。若有人认为志诚背叛师门，弃了神秀来投惠能，神秀不能教他的惠能能教他，神秀不能化他的惠能能化他，这也是睁眼瞎。惠能既有"无师智"，岂能夺人之徒？他岂不知神秀派志诚来的好意？听了志诚呈上来的偈子后，《坛经》记载："师然之。"对志诚这个"盗法之人"表示肯定。要知道他当初在五祖门下，也是"盗宝之人"，现在有人来盗他的宝，岂不能一眼看破？岂不愿鼓励这"贼"？何以见惠能识破志诚来意？《坛经》记载惠能对志诚说如是佛法："应用随作，应语随答，普见化身，不离自性，即得自在神通，游戏三昧，是名见性。"惠能在这话中点出"游戏三昧"一词，已是点破机关。他话中佛法暗含的意思是：要来就来，你来我往，你问我答，你是他的化身，我已坚定自己，已享自在神通，不妨游戏三昧，这就叫见性。惠能这番话是通过志诚传话，简直是在对神秀汇报工作，分外有意思。惠能说"纵横尽得，有何可立"，是讲他的佛法已通经纬，进入广大无限空间，并非简单地做纵向的"立"（延伸），而是纵横交汇，回归后四方都"立"。他说"纵横尽得，有何可立"也暗含了"我与师兄一南一北，一纵一横，可谓'纵横尽得'；佛法已经并立双传，已经确立的又'有何可立'？"表示了自许、自信与他许、他信，正是愿力产生的宏伟成果。惠能最后说："自性自悟，顿悟顿修，亦无渐次，所以不立一切法。诸法寂灭，有何次第？"是讲顿悟、渐悟原本没有差别，何必要做出有差别？关于顿渐分合旨趣，留待后文细讲。本段经文讲了"能秀无差别"，读者诸君自然知道"顿渐无差别"了。昨夜雷雨，花木低垂。今晨入园，又见高枝。我在室中坐，问君何处身？

　　僧志彻，江西人，本姓张，名行昌。少任侠。自南北分化，二宗主虽亡彼我，而徒侣竞起爱憎。时北宗门人自立秀师为第六祖，而忌祖师传衣为天下闻，乃嘱行昌来刺师。

　　师心通，预知其事。即置金十两于座间。时夜暮，行昌入祖室，将欲加害。师舒颈就之。行昌挥刃者三，悉无所损。

　　师曰：正剑不邪，邪剑不正。只负汝金，不负汝命。

　　行昌惊仆，久而方苏，求哀悔过，即愿出家。

　　师遂与金，言：汝且去，恐徒众翻害于汝。汝可他日易形而来，吾当摄受。

　　行昌禀旨宵遁，后投僧出家，具戒精进。

　　一日，忆师之言，远来礼觐。

　　师曰：吾久念汝，汝何来晚？

　　曰：昨蒙和尚舍罪，今虽出家苦行，终难报德，其惟传法度生乎。弟子常览《涅槃经》，未晓常无常义。乞和尚慈悲，略为解说。

　　师曰：无常者，即佛性也；有常者，即一切善恶诸法分别心也。

　　曰：和尚所说，大违经文。

　　师曰：吾传佛心印，安敢违于佛经？

　　曰：经说佛性是常，和尚却言无常；善恶诸法，乃至菩提心，皆是无常，和尚却言是常。此即相违。令学人转加疑惑。

师曰：《涅槃经》，吾昔听尼无尽藏读诵一遍，便为讲说，无一字一义不合经文。乃至为汝，终无二说。

曰：学人识量浅昧，愿和尚委曲开示。

师曰：汝知否？佛性若常，更说什么善恶诸法，乃至穷劫，无有一人发菩提心者。故吾说无常，正是佛说真常之道也。又一切诸法若无常者，即物物皆有自性，容受生死，而真常性有不遍之处。故吾说常者，正是佛说真无常义。佛比为凡夫外道执于邪常，诸二乘人于常计无常，共成八倒。故于涅槃了义教中，破彼偏见，而显说真常、真乐、真我、真净。汝今依言背义，以断灭无常，及确定死常，而错解佛之圆妙最后微言，纵览千遍，有何所益？

行昌忽然大悟，说偈云：

因守无常心，佛说有常性。

不知方便者，犹春池拾砾。

我今不施功，佛性而现前。

非师相授与，我亦无所得。

师曰：汝今彻也，宜名志彻。彻礼谢而退。

这段经文讲了个寓言故事，借惠能感化刺客，说明"放下屠刀、立地成佛"的道理。说是"寓言"，这是文雅说法，说穿了是杜撰。何以见得故事是杜撰？你看故事中人的名字就知道了。"行昌"者，行为猖獗也。"志彻"者，立志彻底也。"行昌"变"志彻"，意思是本来行为猖獗的人一遇到惠能大师就变成了立志彻底的向善学佛之人。大家再看故事的行文，"师心通"，文章家言；"时夜暮"，传奇笔法；"师舒颈就刃"，小说情节；"挥刃再三，悉无所损"，神话故事。所以我建议大家把以上故事读作惠能大师的一个"本生故事"，是惠能大师成佛、教化的一个寓言，好比佛陀本生故事，倒比较贴近《坛经》原意。夫《坛经》之为"经"，有杜撰，有史实，有敷陈，有暗线，虚虚实实不离实，真真假假不离真，因为他是纯粹的佛教教义，完全起佛经作用，故称之为佛经、称之为《坛经》。若有人执著于文字，亦失旨趣也。这段故事虽虚，所言之事甚实。最为警醒者，是经文开头点明"二宗主虽无彼我"，明确说惠能与神秀同为禅宗宗师，是不分彼此的。"无彼此"，这原文三个字是本品乃至整部《坛经》的"眼睛"，提示《坛经》读法，对我们理解所谓"顿渐之分"有直接的帮助。有意思的是，本段经文虽在《顿渐品》中，并没有直接说顿悟与渐悟，而是惠能借着向行昌新解《涅槃经》说无常与有常。看来这两组概念有关联。我们来梳理一下。

第一组概念：无常与有常。

关于无常，惠能原话的定义是："佛性若常，更说什么'善恶诸法乃至穷劫无有一人发菩提心'者。"也没有直接说什么叫无常，只是说佛性不是有常的，故可见佛性无常。连佛性都无常，故可见一切皆无常。惠能说"佛性无常"是引用佛经为证：若说起辨善恶的佛法，古来没有一个人真正发奋出成佛（辨善恶）的心。这也是强调发心成佛之难，不是古来无佛的意思。《佛遗教经》记载佛陀临终之言，连说"为佛甚难、甚难"，惠能所表达的就是这个意思。连佛性都在变化中，极难确立在永恒，所以叫无常。常即恒也，无常不是说"很难永恒"。"很难永恒"是个有语病的说法，永恒就是永恒，不因很难或不难而改变；无常的意思是"永恒的摇摆"，没有恒定之态，因此叫无恒、无常。也许"摇摆"正是永恒的特性，非"摇摆"不永恒，好比生命需要迎风成长。你如果见过"永恒"长什么样子，可以告诉我是不是这样。

关于有常，惠能原话的定义是："吾说无常，即物物皆有自性，宠爱生死，而真常性有不遍之处。故吾说'常'者，正是佛说真无常义。"依然是反说正解，借无常说有常，好比说河与水，火与焰，是不可以抽象化剥离的。其义为：我说的无常，即是说万物都有本性，只因世人执著于生死，所以本性被迷塞，有不到之处（意思是在一些事情上丧失了本性）。因此我说的有常，就是佛说的无常（意思是唯一确定的是万物的"不确定性"，唯一有常的是世界的无常）。此处的"常"当规律讲，是本性使然。

总结一下惠能对"无常与有常"下的定义，惠能想说的是：无论无常与有常，唯一确定不变的是自性。自性若失，不是真的失，而是进入了更大的自性中。当然，性无大小之分，我这是在借空间概念说有无。好比把人的大肚子比作一个水果虽然滑稽，也不失为形象的说法；现在我说：人吃水果，水果吃没了，就好比小水果经过分解进入了大水果（人的肚子）中。这也是我的譬喻，借以说明自性消失到更"大"的自性中，或云无常进入了更"大"的无常。惠能说唯一确定的是自性，好比说饭碗可以空，不空的时候可以装饭，也可以装菜，也可以盛水、盛汤、盛酒，但总有个圈圈框框在那里。因此我们要知道，自性是实存，但不是实有；它是一个平台，一个支撑点；它本身不是某物，而是万物共有之特性；是存在点，亦即存在的意义。这个存在点，宗教比较高明，或称之为"灵"，是神所生，是道所长；关于这个存在点，科学在探寻中。惠能说无常是在强调宇宙永恒，他已照佛教的说法表述为自性不失。惠能原话中有个说法有意思，他说世人"宠爱生死"，说得形象；又在无常的基础上创造了一个新词"死常"，意思是无论有常与无常都是致人死亡的利器，这个词说得惊心动魄，凡有感知的生命，当闻此警醒自悟，不可耽误此生。我在本处说的"此生"是指谓，不是比较。"此生"是唯一的，除外不存在前生、来生、他生，这是禅宗的一大教义。言即至此，略说禅宗三大基本特征：禅宗不"信佛"，信自己，我即是佛，心即是佛，自立自悟。禅宗不求赎罪，罪本无罪，赎也无处赎。禅宗不言轮回，立足当下，觉悟是佛。接连三个"不"、"不"、"不"，禅宗是说"不"的宗教。其教义不是教义，而是对现有一切教义的否定；其修行办法可以是一切办法。所以我说禅宗是解放的宗教，又是宗教的解放，是中国人的思辨传统接受佛教真理（特别是佛教逻辑学）开出的绚丽花朵。解放人性，又回归人性，坚守心灵家园，服务于当下生活，造福芸芸众生。圣贤教化与佛陀教化握手，三教行汉归唐，传承周秦以先人类乐土。禅宗的说话方式很有趣，大致归纳有三个特点：一，不说什么是"是"，要说"是"有不是之处，最好说出什么是"不是"来。二，不直接说，以动作、故事、打比来说，表示不需要口舌之言，重在心传神接。三，没有结论，只有过程，展示过程之美、程序之真，享受唯美的超验生活。虽是超验生活，却又如日常生活之平实。一切禅都是生活本身。不立文字，不谤佛但也不鼓励谤佛（有时默许）；以常态显示异态，以异态颠覆常态；展示生活的复杂性、多样性，又以和谐、圆满、自由为价值取向。惠能大师禅风活泼，淋漓尽致地展现了上述特点，可谓活样板。他说无常与有常相生相灭而守恒，恰似《红楼梦》中讲宝黛二人："若说没奇缘，今生偏又遇着他；若说有奇缘，如何心事终虚化。"有缘无缘都是缘，有常无常都是常。也许这么说，不失为圆通。

第二组概念：渐悟与顿悟。

惠能是这两个名词的命名人，但也没有亲自下过定义，说何谓此、何谓彼。粗浅之人往往这样说：渐悟是渐渐觉悟，顿悟是顿时就觉悟了。如果这么容易下定义，请你来当禅宗六祖好了。什么是渐悟？渐悟不是渐渐有所悟，而是渐渐有所不悟（可以不悟），走出思想误区。说"渐"是指修行有次第、一层层上阶梯。踏上一层，下层即空，更上层迎面而来。什么是顿悟？顿悟不是顿时就觉悟了，而是说停顿处必有所悟。这个"停顿处",就是有常与无常的缝隙。世界的运动(永动)再忙碌,也有不动时。人处在某一"盲点"、"真空",就能短暂脱离现实的桎梏,一脚踏进永恒虽不可能,境界飞升是实有。到目前为止一切的修行都只是境界的提升,除外就没有修行了。从"有我之境"到"无我之境",最后见到真我自性,和谐、圆满、自足不外求,就是成佛了。我把富翁比作仙,我把媒婆比作佛。为人作嫁,方可普度众生。渐悟不是说慢,顿悟也不是说快;渐悟不是水流,顿悟也不是点火;渐悟是不悟中的强悟(可以自定义、自命名),顿悟是悟中的不悟(借悟脱逃)。就其实质而言,渐悟与顿悟是完全一词两说,你看见月亮的明,也要知道月亮另一面的暗。渐悟顿悟都不是悟,只是说:修行的人终于可以自说自话,勇敢地以自我为准了。我不悟,谁悟?我不成佛,谁成佛?因此顿悟渐悟都只是个说法,没有区别,这是六祖再三强调的。不是真有这样那样的觉悟,它的意义在于帮助求悟的人"开悟",想悟的人"证悟",帮人解脱。一件事,你说悟了就是悟了;一个人,你说有觉悟就是有觉悟。如果觉悟可以分成这样那样,那就不是觉悟了,而是迷,依然是执著。佛经上说,水可分,火可分,其性不可分。这样看来,生命也不可分。生命的形态可以变换,如果变换到对立面,就可以称觉悟了。觉悟往往来自逼迫,棍棒交加,拳打脚踢,往往就"觉悟"了。世上有没有不被逼迫的觉悟?没有。禅者的可贵之处就在于他认识到:与其外人来觉悟我,不如我自己觉悟。自己逼自己,这是对自己最大的负责。故云:修行是逼迫,逼得深就行得真。惠能自云"无二说",意思是他一向坚持自我。哪有什么顿悟渐悟,这是大师的障眼法,其本意是要人抛弃这些东西自己找答案。如果你在某一公案中看到某人"悟了"，正是此人抛弃了一切、包括抛弃了顿悟渐悟这些概念的必然结果。可喜可贺，你悟了，原来你一无所悟。一无是处，也一无非处。你就是你，谁能说不是？

有一童子，名神会，襄阳高氏子，年十三，自玉泉来参礼。

师曰：知识远来艰辛，还将得本来否？若有本则合识主，试说看。

会曰：以无住为本，见即是主。

师曰：这沙弥争合取次语。

会乃问曰：和尚坐禅，还见不见？

师以柱杖打三下，云：吾打汝是痛不痛？对曰：亦痛亦不痛。

师曰：吾亦见亦不见。

神会问：如何是亦见亦不见？

师云：吾之所见，常见自心过愆，不见他人是非好恶，是以亦见亦不见。汝言亦痛亦不痛如何？汝若不痛，同其木石；若痛，则同凡夫，即起恚恨。汝向前见、不见是二边；痛、不痛是生灭。汝自性且不见，敢尔弄人？

神会礼拜悔谢。

师又曰：汝若心迷不见，问善知识觅路；汝若心悟，即自见性，依法修行。汝自迷不见自心，却来问吾见与不见。吾见自知，岂代汝迷？汝若自见，亦不代吾迷。何不自知自见，乃问吾见与不见？

神会再礼百余拜，求谢过愆。服勤给侍，不离左右。

一日，师告众曰：吾有一物，无头无尾，无名无字，无背无面，诸人还识否？

神会出曰：是诸佛之本源，神会之佛性。

师曰：向汝道无名无字，汝便唤作本源佛性。汝向去有把茆盖头，也只成个知解宗徒。祖师灭后，会入京洛，大弘曹溪顿教。著《显宗记》，盛行于世，是为菏泽禅师。

师见诸宗难问，咸起恶心。多集座下，愍而谓曰：学道之人，一切善念恶念，应当尽除。无名可名，名于自性。无二之性，是名实性。于实性上，建立一切教门。言下便须自见。

诸人闻说，总皆作礼，请事为师。

　　这段经文讲顿悟，即超脱生死之道。顿悟渐悟之说虽是"骗局"，但顿悟一词总是让人怦然心动，它能够带领我们进入另外一个空间，另外一片天地。顿悟虽然是不存在的，它却能带给我们超脱与自由。这是谬论，但绝对不是谬误。能让人轻松的怎么是谬误呢？如果它真是谬误，我们欢迎这样的谬误。顿悟为我们展示了生命的自信，展示了生命活泼泼的可能，并且透露了生命原生态的勃勃生机。能够麻利转换思维的是强有力的生存者，能够极时换气的是坚忍不拔的攀登者。生活总有灵光闪现，引导不灵光的人。这不是拯救，是自我拯救的启示。惠能用禅杖打神会那三下，是打魂、打魄、打身，把这童子打醒。这三下也好比三更鼓，当初他被人打醒，如今他来打醒人。神会被惠能打后很受用，痛则惊觉，不痛不会醒。人的一生，痛着生，痛着死，这就叫痛生痛死痛觉醒。到了那个临界点，你不悟也得悟。《坛经》记载惠能与神会参禅，惠能说：我有个东西，无头无尾，没有姓名，不分正面反面，你们认识吗？神会就越众而出说：是我的本性。惠能说他解错了，不如去找个茅草棚住下遮羞。惠能话中暗示神会：你说对了，可以去自己建道场弘法。神会听懂了惠能的话，得法而去，成为六祖门下有名的高僧，把禅宗传到国都长安与东都洛阳，一朵禅花开遍中原大地，并著《显宗记》流行于世，是弘扬六祖禅法最得力的大功臣，人称"荷泽神会"。神会能够开悟，全因为惠能善于引导，先已说出了答案（"无字"暗示佛性），后来又指出方向（"茅盖头"暗示建道场），神会再不悟，就没机会了。话有机锋，语有节奏，六祖接引人亦如三更鼓，动感中引人静思，可谓有道。如何才能顿悟？十件好事比不上一件坏事，一个催债的电话打过来你就顿悟了。顿悟总是与声音有关，或因话语启发，或由音乐感动，倒与眼前画面毫无关系。也就是说，顿悟关乎耳，不关乎目，老子说"为腹不为目"，其意近此。人之所需即人之所悟，人之必需即人之顿悟。必是与自身有切肤之痛，那场顿悟分外亲切。为什么总是声音引起顿悟？因为声音的功能是震动，画面的作用是定格，都是人类认知的必然途径。闪电是看见，打雷是听见，先闪电后打雷，这是画面为声音开道。但科学家又已观察到，极大的雷又在闪电之前出现，乌云挤压出闪电之前已经大发雷霆之威了。总之强音让人震撼，倒与是否看见什么无关。若只有画面没有声音，比只有声音没有画面更难以让人接受，聋哑人比盲人更痛苦。故太虚幻境中须有《红楼十二曲》，才能使梦游者悟。如果听到那声音，你眼前自会浮现画面。《红楼梦》上贾母夜宴强欢，初闻笛时："正说着闲话，猛不防只听那壁厢桂花树下呜呜咽咽，天空地净，真令人烦恼顿解。"再闻笛时："大家陪着又饮，说些笑话，只听桂花阴里呜呜咽咽，袅袅悠悠，又发出一缕笛音来，果真比先越发凄凉。大家都寂然而坐。夜静月明，且笛声悲怨，贾母年高带酒之人，听此声音不免有触于心，禁不住堕下泪来。"（《红楼梦》第七十六回《凸碧堂品笛感凄清　凹晶馆联诗悲寂寞》）贾母这场顿悟来得真切，听那笛声，她不得不掉泪。六祖说："学道之人，一切善念恶念应当尽除，无名可名，名于自性。无二之性，是名实性。"就是说不要有是非善恶，说一不二，坚持自我，才是真实不虚，不被外物所动。然而人处世上，被各种声音充满，如何才能止我所观，听我所听？庄子所云"天籁"、"地籁"、"人籁"三籁之说可以提供帮助，老子云："大音希声。"老庄指示我们要在稀薄处听声音，微弱处赏音乐。老庄是讲玄的祖师爷，玄与禅相通，解老庄者，不是禅者也是禅。我有幅字挂在墙上：蝉鸣山幽。也是老生常谈。房间隔壁不时有人来往，在我听来，恍如空谷足音。而能迈进我房间的，只有我自己。早上登山望日出，四宇无声，奇云幻彩中我仿佛听见了神佛的低吟。顿悟因内心有感，音乐与外物无关。贝多芬说："在心灵对我说话的时候，难道我还会想到一根微不足道的笛子吗？"（引自《外国名音乐家传》）费尔巴哈说得更直白："你在音调中听到了什么呢？难道不是听到你自己的心的声音吗？"（引自《18世纪—19世纪初西方古典哲学》）尼采视音乐为"狂迷"，这与顿悟很接近很接近了。习禅者若不进入"狂迷"状态，也枉自称禅者。进入狂迷又能走出来，这才是悟。惠能对神会说："汝若不痛，同其木石；若痛，则同凡夫。"就在痛与不痛之间，顿悟就产生了。可见顿悟如闪电，是被现实的乌云挤压出来的。乌云密布倒好，就怕满天乌云也不晴，也不雨，也不聚，也不散，人生就怕一个"闷"字。若有虚怀若谷，何惧倾盆大雨。顿悟产生于一个声音的指示，心对心，口对口，不觉手舞足蹈，刹那间感受到某一纯粹简单的道理，人就觉得和谐安逸，表述出来就是觉悟。觉悟不能说新旧，觉悟就是觉悟，于人于己都是一个觉悟，世上再无第二个觉悟。只因为它是和谐的，所以让人觉得"新"与"活"。那时，我们身心归位，灵魂得归宿，泛起一种"幸福的失重感"，有点飘，有点弹，但安稳卧在大道母亲的怀中，再也不想走失。爱亦无垠，音亦绵绵。老母呼唤，最让人悟也。佛经多言佛母事迹，原来人的自性是被母亲唤醒。老子以大道为母亲，佛陀以母亲为大道，孔子说："凡音之起由人心生也。"（《乐记》）这是母子连心了，是世上最强烈的感应，是一切顿悟之源。人心只能接受单一信息，不能被杂音充满。德国作曲家菲尔迪南·席拉尔说："在大多数情况下，听众不能同时理解词句与旋律。"（引自汉斯立克《论音乐的美》第35页脚注）是的，我们有旋律就可以了，无暇读词，也无心读词。如果有一天，你被某句话所感动，定是那声音分外柔和，或分外有力，那来自远古你最熟悉的神秘世界最深处的简单音律一旦拔响，你就成了一张琴。其实你并没有听见他说什么，但他一说你就信了，你就爱听那声音，你说是这样吗？佛菩萨何等慈悲，正是以此妙音，觉悟愚人。那些人千里迢迢来见惠能，就是为了听他的声音。真佛一开口，他们就成了佛前的花。心要温柔，这是人最大的觉悟。若然，你就是佛了。

坛经第九品　宣诏品

此品讲国恩即佛恩也。

　　神龙元年上元日，则天、中宗诏云：朕请安、秀二师，宫中供养。万机之暇，每究一乘。二师推让云：南方有能禅师，密授忍大师衣法，传佛心印，可请彼问。今遣内侍薛简，驰诏迎请。愿师慈念，速赴上京。

　　师上表辞疾，愿终林麓。

　　薛简曰：京城禅德皆云：欲得会道，必须坐禅习定；若不因禅定而得解脱者，未之有也。未审师所说法如何？

　　师曰：道由心悟，岂在坐也？经云：若言如来若坐若卧，是行邪道。何故？无所从来，亦无所去，无生无灭，是如来清净禅。诸法空寂，是如来清净坐。究竟无证，岂况坐耶？

　　简曰：弟子回京，主上必问。愿师慈悲，指示心要，传奏两宫，及京城学道者。譬如一灯燃百千灯，冥者皆明，明明无尽。

　　师云：道无明暗，明暗是代谢之义。明明无尽，亦是有尽。

相待立名，故《净名经》云：法无有比，无相待故。

简曰：明喻智慧，暗喻烦恼。修道之人，倘不以智慧照破烦恼，无始生死，凭何出离？

师曰：烦恼即是菩提，无二无别。若以智慧照破烦恼者，此是二乘见解。羊鹿等机，上智大根，悉不如是。

简曰：如何是大乘见解？

师曰：明与无明，凡夫见二。智者了达，其性无二。无二之性，即是实性。实性者，处凡愚而不减，在贤圣而不增，住烦恼而不乱，居禅定而不寂。不断不常，不来不去，不在中间，及其内外。不生不灭，性相如如。常住不迁，名之曰道。

简曰：师曰不生不灭，何异外道？

师曰：外道所说不生不灭者，将灭止生，以生显灭，灭犹不灭，生说不生。我说不生不灭者，本自无生，今亦不灭，所以不同外道。汝若欲知心要，但一切善恶，都莫思量，自然得入清净心体。湛然常寂，妙用恒沙。

简蒙指教，豁然大悟，礼辞归阙，表奏师语。

其年九月三日，有诏奖谕师曰：师辞老疾，为朕修道，国之福田。师若净名，托疾毗耶，阐扬大乘，传诸佛心，谈不二法。薛简传师指授如来知见。朕积善余庆，宿种善根。值师出世，顿悟上乘。感荷师恩，顶戴无已，并奉磨纳袈裟，及水晶钵，敕韶州刺史修饰寺宇，赐师旧居，为国恩寺。

这段经文讲惠能被国家重用，终于得以弘扬正教，光大禅宗，不负五祖所传。佛在国中，中国即是佛国。国恩即佛恩。此中大义，前已述陈。六祖惠能经由内侍薛简传话给刚复位的大唐天子中宗李显，指导中宗说："道无明暗。"暗示中宗李显要尊崇母道，宽恕他有过犯的母亲武则天。善待天下苍生，重振大唐江山。中宗李显十分明白禅师慈意，在诏书中动情地说："师辞老疾，为朕修道，国之福田。"这话不只是一个说法，天子无戏言，中宗李显这话的意思是昭告天下：惠能大师是朕的化身，是在"为朕修道"，朕是惠能大师的供养人。王供养佛，即是法王。法王与佛共治乐土，一如天竺。法王以佛为师，故中宗李显诏书中说："朕积善余庆，宿种善根，值师出世，顿悟上乘。感荷师恩，顶戴无已。"明确昭示他师事惠能大师，惠能大师是大唐国师，中国真佛。中宗李显以佛教语供养佛，此为"法供养"。所赐宝物为"财供养"，虽极尊崇，比起惠能大师的"天人供养"与"自性供养"来又何足比。即使如此，其心可嘉。唐中宗与惠能大师如一人，佛法圆通，超过了梁武帝与达摩大师的关系。为君既不易，为臣亦何难，为臣的同时为帝王师更难。惠能大师忠君爱国，宜乎为国师，故我把最高的佛称为忠孝佛，把最高的禅称为忠孝禅。惠能大师修的就是忠孝禅。

坛经第十品　付嘱品

此品讲信佛者成佛也。

师一日唤门人法海、志诚、法达、神会、智常、智通、志彻、志道、法珍、法如等，曰：汝等不同余人，吾灭度后，各为一方师。吾今教汝说法，不失本宗。先须举三科法门，动用三十六对，出没即离两边，说一切法，莫离自性。忽有人问汝法，出语尽双，皆取对法，来去相因。究竟二法尽除，更无去处。三科法门者，阴界入也。阴是五阴：色、受、想、行、识是也。入是十二入，外六尘：色、声、香、味、触、法；内六门：眼、耳、鼻、舌、身、意是也。界是十八界：六尘、六门、六识是也。自性能含万法，名含藏识。若起思量，即是转识。生六识，出六门，见六尘，如是一十八界，皆从自性起用。自性若邪，起十八邪；自性若正，走十八正。若恶用即众生用，善用即佛用。用由何等，由自性有对法，外境无情五对：天与地对，日与月对，明与暗对，阴与阳对，水与火对，此是五对也。法相语言十二对：语与法对，有与无对，有色与无色对，有相与无相对，有漏与无漏对，色与空对，动与静对，清与浊对，凡与圣对，僧与俗对，老与少对，大与小对，此是十二对也。自性起用十九对：长与短对，邪与正对，痴与慧对，愚与智对，乱与定对，慈与毒对，戒与非对，直与曲对，实与虚对，险与平对，烦恼与菩提对，常与无常对，悲与害对，喜与嗔对，舍与悭对，进与退对，生与灭对，法身与色身对，化身与报身对，此是十九对也。

师言：此三十六对法，若解用，即道贯一切经法，出入即离两边。自性动用，共人言语，外于相离相，内于空离空。若全著相，即长邪见。若全执空，即长无明。执空之人有谤经，直言不用文字。既云不用文字，人亦不合语言。只此语言，便是文字之相。又云直道不立文字，即此不立两字，亦是文字。见人所说，便即谤他言著文字。汝等须知，自迷犹可，又谤佛经。不要谤经。罪障无数。若著相于外，而作法求真，或广立道场，说有无之过患，如是之人，累劫不可见性。但听依法修行，又莫百物不思，而于道性窒碍。若听说不修，令人反生邪念。但依法修行，无住相法施。汝等若悟，依此说，依此用，依此行，依此作，即不失本宗。若有人问汝义，问有，将无对；问无，将有对；问凡，以圣对；问圣，以凡对。二道相因，生中道义。如一问一对，余问一依此作，即不失理也。设有人问：何名为暗？答云：明是因，暗是缘，明没则暗，以明显暗，以暗显明，来去相因，成中道义。余问悉皆如此。汝等于后传法，依此转相教授，勿失宗旨。

师于太极元年壬子，延和七月，命门人往新州国恩寺建塔。

仍令促工。次年夏末落成。七月一日，集徒众曰：吾至八月，欲离世间。汝等有疑，早须相问，为汝破疑，令汝迷尽。吾若去后，无人教汝。法海等闻，悉皆涕泣。惟有神会，神情不动，亦无涕泣。

师云：神会小师，却得善不善等，毁誉不动，哀乐不生，余者不得。数年山中，竟修何道？汝今悲泣，为忧阿谁？若忧吾不知去处，吾自知去处。吾若不知去处，终不预报于汝。汝等悲泣，盖为不知吾去处。若知吾去处，即不合悲泣。法性本无生灭去来，汝等尽坐，吾与汝说一偈，名曰：真假动静偈。汝等诵取此偈，与吾意同。依此修行，不失宗旨。

众僧作礼，请师作偈。偈曰：

一切无有真，不以见于真，若见于真者，是见尽非真。

若能自有真，离假即心真，自心不离假，无真何处真？

有情即解动，无情即不动，若修不动行，同无情不动。

若觅真不动，动上有不动，不动是不动，无情无佛种。

能善分别相，第一义不动，但作如是见，即是真如用。

报诸学道人，努力须用意，莫于大乘门，却执生死智。

若言下相应，即共论佛义，若实不相应，合掌令欢喜。

此宗本无诤，诤即失道意，执逆诤法门，自性入生死。

时徒众闻说偈已，普皆作礼。并体师意，各各摄心，依法修行，更不敢诤。乃知大师不久住世。

法海上座再拜问曰：和尚入灭之后，衣法当付何人？

师曰：吾于大梵寺说法，以至于今，钞录流行，目曰：法宝坛经。汝等守护，递相传授，度诸群生。但依此说，是名正法。今为汝等说法，不付其衣。盖为汝等信根淳熟，决定无疑，堪任大事。然据先祖达摩大师，付授偈意，衣不合传。偈曰：

吾本来兹土，传法救迷情。一花开五叶，结果自然成。

师复曰：诸善知识，汝等各各净心，听吾说法。若欲成就种智，须达一相三昧，一行三昧。若于一切处而不住相，于彼相中不生憎爱，亦无取舍，不念利益成坏等事，安闲恬静，虚融澹泊，此名一相三昧。若于一切处，行住坐卧，纯一直心，不动道场，真成净土，此名一行三昧。若人具二三昧，如地有种，含藏长养，成熟其实。一相一行，亦复如是。我今说法，犹如时雨，普润大地。汝等佛性，譬诸种子，遇兹沾洽，悉皆发生。承吾旨者，决获菩提；依吾行者，定证妙果。听吾偈曰：

心地含诸种，普雨悉皆萌。

顿悟华情已，菩提果自成。

师说偈已，曰：其法无二，其心亦然。其道清净，亦无诸相。汝等慎勿观静，及空其心；此心本净，无可取舍，各自努力，随缘好去。

尔时，徒众作礼而退。

大师七月八日，忽谓门人曰：吾欲归新州，汝等速理舟楫。

大众哀留甚坚。

师曰：诸佛出现，犹示涅槃。有来必去，理亦常然。吾此形骸，归必有所。

众曰：师从此去，早晚可回。

师曰：叶落归根，来时无口。

又问曰：正法眼藏，传付何人？

师曰：有道者得，无心者通。

问曰：未知从上佛祖应现已来，传授几代，愿垂开示。

师云：古佛应世，已无数量，不可计也。今以七佛为始。过去庄严劫毗婆尸佛，尸弃佛，毗舍浮佛；今贤劫拘留孙佛，拘那含牟尼佛，迦叶佛，释迦文佛，是为七佛。释迦文佛首传摩诃迦叶尊者，第二、阿难尊者，第三、商那和修尊者，第四、优波毱多尊者，第五、提多迦尊者，第六、弥遮迦尊者，第七、婆须蜜多尊者，第八、佛驮难提尊者，第九、伏驮蜜多尊者，第十、胁尊者，第十一、富那夜奢尊者，第十二、马鸣大士，第十三、迦毗摩罗尊者，第十四、龙树大士，第十五、迦那提婆尊者，第十六、罗睺罗多尊者，第十七、僧伽难提尊者，第十八、伽耶舍多尊者，第十九、鸠摩罗多尊者，第二十、阇耶多尊者，第二十一、婆修盘头尊者，第二十二、摩拏罗尊者，第二十三、鹤勒那尊者，第二十四、师子尊者，第二十五、婆舍斯多尊者，第二十六、不如蜜多尊者，第二十七、般若多罗尊者，第二十八、菩提达摩尊者，第二十九、慧可大师，第三十、僧璨大师，第三十一、道信大师，第三十二、弘忍大师，惠能是为三十三祖。从上诸祖，各有禀承。汝等向后，递代流传，毋令乖误。

众人信受，各别而退。

又问：后莫有难否？

师曰：吾灭后五六年，当有一人来取吾首。听吾记曰：

头上养亲，口里须餐。遇满之难，杨柳为官。

又云：吾去七十年，有二菩萨，从东方来，一出家，一在家。

同时兴化，建交吾宗，缔缉伽蓝，昌隆法嗣。

　　大师先天二年癸丑岁，八月初三日，于国恩寺斋罢，谓诸徒众曰：汝等各依位坐，吾与汝别。

　　法海白言：和尚留何教法，令后代迷人得见佛性？

　　师言：汝等谛听。后代迷人，若识众生，即是佛性；若不识众生，万劫觅佛难逢。吾今教汝识自心众生，见自心佛性。欲求见佛，但识众生；只为众生迷佛，非是佛迷众生。自性若悟，众生是佛；自性若迷，佛是众生。自性平等，众生是佛；自性邪险，佛是众生。汝等心若险曲，即佛在众生中；一念平直，即是众生成佛。我心自有佛，自佛是真佛。自若无佛心，何处求真佛？汝等自心是佛，更莫狐疑。外无一物而能建立，皆是本心生万种法。故经云：心生种种法生，心灭种种法灭。吾今留一偈，与汝等别，名自性真佛偈。后代之人，识此偈意，自见本心，自成佛道。偈曰：

　　真如自性是真佛，邪见三毒是魔王，

　　邪迷之时魔在舍，正见之时佛在堂。

　　性中邪见三毒生，即是魔王来住舍，

　　正见自除三毒心，魔变成佛真无假。

　　法身报身及化身，三身本来是一身，

　　若向性中能自见，即是成佛菩提因。

　　本从化身生净性，净性常在化身中，

　　性使化身行正道，当来圆满真无穷。

　　淫性本是净性因，除淫即是净性身，

　　性中各自离五欲，见性刹那即是真。

今生若遇顿教门，忽悟自性见世尊，

若欲修行觅作佛，不知何处拟求真。

若能心中自见真，有真即是成佛因，

不见自性外觅佛，起心总是大痴人。

顿教法门今已留，救度世人须自修，

报汝当来学道者，不作此见大悠悠。

师说偈已，告曰：汝等好住，吾灭度后，莫作世情悲泣雨泪，受人吊问。身著孝服，非吾弟子，亦非正法。但识自本心，见自本性，无动无静，无生无灭，无去无来，无是无非，无住无往。恐汝等心迷，不会吾意，今再嘱汝，令汝见性。吾灭度后，依此修行，如吾在日。若违吾教，纵吾在世，亦无有益。复说偈曰：

兀兀不修善，腾腾不造恶。

寂寂断见闻，荡荡心无著。

师说偈已，端坐至三更，忽谓门人曰：吾行矣。奄然迁化。于时异香满室，白虹属地。林木变白，禽兽哀鸣。

十一月，广韶新三郡官僚，泊门人僧俗，争迎真身，莫决所之。乃焚香祷曰：香烟指处，师所归焉。时，香烟直贯曹溪。十一月十三日，迁神龛并所传衣钵而回。次年七月二十五日出龛，弟子方辩，以香泥上之。

门人忆念取首之记，遂先以铁叶漆布，固护师颈入塔，忽于塔内，白光出现，直上冲天，三日始散。

韶州奏闻。奉敕立碑，纪师道行。师春秋七十有六，年二十四传衣，三十九祝发，说法利生三十七载。得旨嗣法者，四十三人。悟道超凡者，莫知其数。达摩所传信衣，中宗赐磨纳宝钵，及方辩塑师真相，并道具等，主塔侍者尸之，永镇宝林道场。流传坛经，以显宗旨。此皆兴隆三宝，普利群生者。

　　《付嘱品》恰似《佛遗教经》，是六祖遗香，禅门遗爱。《付嘱品》是惠能的遗嘱。你若爱我，就听我的遗嘱。初述六祖吩咐弟子事，不忍观之。后文述及神异神通，夸耀门庭，皆是妄作，敬佛者必不然之。若有人对此津津乐道，即是迷了。经文铺陈，是为了成书，读经当读精髓。

　　读《坛经》，学惠能。

　　惠能能悟，我也能悟。惠能成佛，我也能成佛。这才是不辜负惠能的期待，这才是读《坛经》的讲法。君可抛书，且莫抛心。卿不负佛，佛不负卿。岂不闻"不负如来不负卿"之语？雪山雪莲，婀娜献太子。雪国雪痕，迷叠证萍踪。我来红尘已久，君至沧桑何年？龙华树下会，哀哀老母；龙树塔中闻，振振金刚。曹溪一脉，果然"广"大；大唐盛典，到底"禅"让。国教国师，开净土乐土；五祖六祖，又拈花分叶。噫！不是和尚殷勤，哪个肯闻佛法？

　　说颂毕，来观人。大家视惠能为何人？他也不是六祖，他也不是和尚，你若把他当作慈母膝下孤子，黄土坡上牛郎，他便与你称兄道弟，一起打柴去。

　　读《坛经》，学惠能。

　　莫学他神通，莫学他禅法，要学他能吃苦。一生被人追逐迫害，隐藏不见天日。刀光剑影，披肝沥胆，伏身草莽，历尽磨难，只求一个真。古来成佛只有信佛人。你若信便是佛，若有二心，信佛也枉然。

书到最后都是诗。我引《红楼梦》讲《坛经》，是为了开通证道之命门。无论什么人，若想得拯救，必先问自心。

我视惠能为真理的追求者。为求真理，不怕牺牲，这就是惠能给我们的最大教益。

后　话

　　《坛经》是最有魅力的佛经，也是最有争议的佛经：他因争议而有魅力。我们来说点后话。我在一开头说《坛经》（主要是坛经偈）支撑了《红楼梦》的结构，触发了《红楼梦》的产生：曹公妙笔，把佛门历史上最有名的一组"三角关系"弘忍、神秀、惠能变化为文学历史上最有名的一组"三角关系"：宝玉、黛玉、宝钗。惠能是贾宝玉的一个"原型"。在红学上，这是一个新观点。因本书重点是《坛经》而非《红楼梦》，《红楼梦》只是一个触发点，在此扼要说明。

　　《红楼梦》的主线大家都知道是宝、黛、钗三角恋爱，如果三角归一，那么我们可以说，《红楼梦》的主线是贾宝玉出家。他的出家（出走）是预设的，是必然的、必须的，林黛玉必须死，贾宝玉必须做和尚，薛宝钗作为"胜利者"，必须守空房，这才是《红楼梦》。贾宝玉注定是个和尚，女人越多越是和尚。曹公妙笔：光光的石头即和尚之隐喻也！

　　既然贾宝玉注定要做和尚，请问，他要做的是什么和尚呢？答案是：他要做惠能那样的和尚。为什么别的和尚不做，偏要做惠能那样的和尚呢？曹公意在说明：恰如惠能求法，《红楼梦》也讲述了宝玉悟情（通俗说法是：修情禅、悟情道，成情佛也）的艰难历程。《红楼梦》自许为"明心见性"之作，处处以禅喻情，以情参禅，明眼人当知。贾宝玉　要做惠能那样的和尚，曹公用意是：就算没有人来点石成金，这块顽石本身也要自己觉悟。石头也要有出路！试问：贾宝玉是因十二钗而悟的呢？还是他自己悟的？当然是他自己悟的。请君细看"红楼十二曲"，便知宝玉悟在情人先。

　　从《红楼梦》作为一本书全书结构讲，是严格按照宝玉出家的主线条走的。有了这个主线条，全书十二个主要人物，一百二十个主要故事就全部串起来了。这一结构得之于"宝玉出走"这一简单设想，是受法显、玄奘、惠能等高僧的出走故事启发的，推远点，还有佛佗出走的身影。惠能求法的故事给了曹雪芹直接的影响，他的文学创作因此迸发火花，获得灵感：是的，先要设一个"围城"（大观园），然后让人从围城中突围出走，在这种"弃与寻"的冲突中，就建立了"疑与信"的拒斥关系，"罪与救"的主题就这样揭示出来了。

　　从《红楼梦》全书的精神主旨来看，是比照惠能所遭受的"法难"讲述贾宝玉遭受的"情难"。惠能云："本来无一物，何处染尘埃？"意谓不染。贾宝玉正是力求不染之人。在大观园、在贾府、在金陵、在红尘之中，他不能做到自救，更不能做到去救别人（事实上他害死了像金钏、晴雯这样美丽的生命，也摧毁了黛玉、宝钗与他的缘），甚至他也并不能做到不染（他好色而不厌、好自由而中了自由的毒极深、自由到了极致就是自私），但他确实有一颗不染的心。就这一点，他因根性之力，悟情了，得道了。惠能当初避难躲到了石头里，后来，这——惠能一块石，就成了——大荒一块玉。

也许这是每个人都要经历的心路历程。

可以把《红楼梦》看作小说版《坛经》，你会看到一个世界上最多情的人最终变成世界上最无情的人的故事。他不但与世界绝交，他更与自己绝交。他求他所求，最终求得无求。他得他所得，最终得无所得，乃至以无所得而得自由。

可以把《坛经》看作佛经版《红楼梦》，你会看到一个人成佛的本生故事。他本是破落官宦家庭的公子，化身为樵夫，作"野人"，后来为求法主动进入围城（寺庙是世界大围城中的小围城），他与他的朋友（弘忍、神秀等）一起进行三重突围：第一重突围，打开寺庙围墙；第二重突围，打出红尘深处；第三重突围，打破空虚锁链。他们的突围刀光剑影，惊心动魄，最终归于沉寂。他们的法传了吗？传了。传给谁了？传给了隔代人。要隔多少代才能接这个脉？不知道。惠能、神秀、弘忍三人都成佛了，留下一部《坛经》任人评说。不要进庙就拜，不要见经就读，不要见了师父就磕头，三佛是一佛，只是要我们问自己：本性在哪里？

所谓"顿悟"指在停顿的地方觉悟。请停下来，请坐下来。看花不能奔跑，因为你的奔跑会带起一阵风，会吹落你自己枝头的缘。